AI와 대학의 변화

AI문고

인공지능 시대입니다. 기계가 인간의 인지를 대신하고, 사물이 인간을 통하지 않고 다른 사물과 직접 커뮤니케이션합니다. 이에 따른 인간 삶과 문명 변화를 정확히 이해 · 예측 · 대응하는 것은 이 시대 우리 모두의 과제입니다. AI문고는 인공지능 기술과 환경의 여러 주제를 10가지 키워드로 정리합니다. 관련 개념과 이론, 학계와 산업계의 쟁점, 우리 일상의 변화를 다룹니다. 인간과 기술의 현재, 미래를 세심히 분석합니다.

일러두기

- 인명, 작품명, 저서명, 개념어 등은 한글과 함께 괄호 안에 해당 국가의 원어를 병기했습니다.
- 외래어 표기는 현행 어문규정의 외래어표기법을 따랐습니다. 다만 '딥러닝', '딥마인드', '딥페이크' 등은 관행을 따랐습니다.

처음이세요?

전문가세요?

AI와 대학의 변화

김자미

대한민국, 서울, 커뮤니케이션북스, 2025

AI와 대학의 변화

지은이 김자미
펴낸이 박영률

초판 1쇄 펴낸날 2025년 3월 17일

커뮤니케이션북스(주)
출판 등록 2007년 8월 17일 제313-2007-000166호
02880 서울시 성북구 성북로 5-11
전화(02) 7474 001, 팩스(02) 736 5047
commbooks@commbooks.com
www.commbooks.com

ISBN 979-11-7307-739-5 03500

책값은 뒤표지에 표시되어 있습니다.

차례

인공지능은 무엇을 바꾸고 있는가

인공지능이라는 용어가 세상에서 인식된 것은 1956년 다트머스 컨퍼런스로 알려져 있다. 그러나 이 용어가 최초로 사용된 것은 1955년 8월 31일에 존 매카시(John McCarthy)를 비롯한 네 명의 학자가 록펠러 재단에 연구비를 신청하면서 제출한 "인공지능에 관한 다트머스 여름 연구 프로젝트 제안서(A proposal for the Dartmouth Summer Research Project on Artificial Intelligence)"에서다.

1956년을 기점으로 50년간의 발전보다 2006년부터 20여 년 동안의 발전은 눈부신 성장이라는 말이 과언이 아닐 정도가 되었고, 이제 인공지능은 이 세상 변화의 중심에 서게 되었다. 인공지능이 세상의 변화를 이끌고 있다는 데 이견은 없지만 인공지능이 무엇이며, 어떤 내용을 이해하고 있어야 하는지에 대한 구체성은 다소 부족한 상태다. 이제 인공지능으로 인해 변화하는 세상의 모습을 이해하고 변화한 세상에서 인공지능과의 공존을 위해 구체적으로 무엇을 준비해야 하는지에 대해 고민

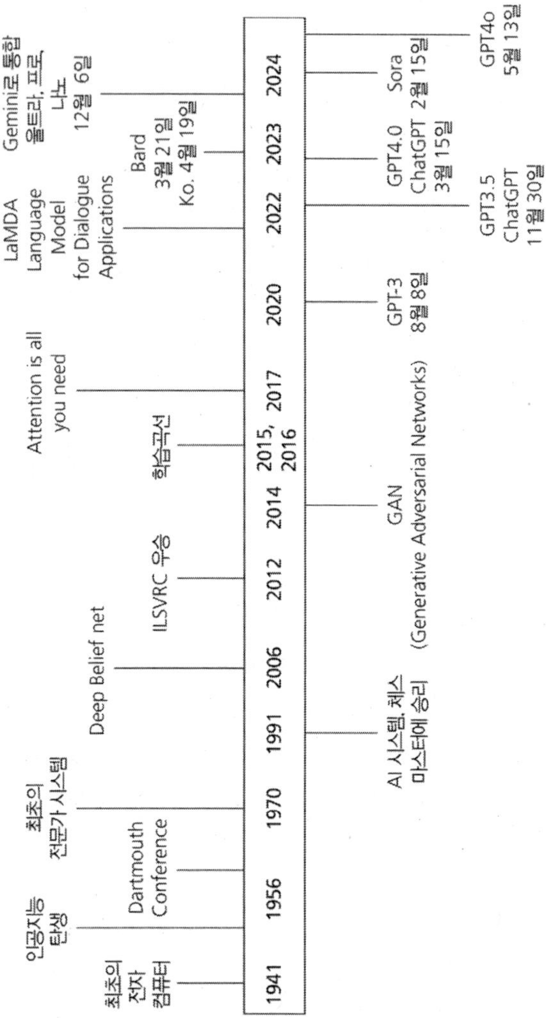

그림 0-1. 인공지능의 역사

해 보아야 할 시기다. 사회 변화에 대한 이해를 바탕으로 대학의 변화를 인지하고, 스스로의 이해를 높여 가는 것은 사회에 적응하기 위한 첫걸음이 될 수 있을 것이다.

무엇이 변하고 있는가

변화에 대한 반응이나 대처는 사람마다 다를 것이다. 자신이 갖는 정체성이나 생각을 유지하고, 불필요한 에너지 소모를 줄임으로써 현재에 집중하고자 할 수 있다. 자신의 가치를 지키기 위한 소극적인 대처의 관점이다. 사회나 조직의 요구를 따르지 않거나 변화를 수용하지 않을 경우 성장과 발전의 기회가 사라진다는 생각에 적극적으로 대처하기도 한다. 디지털이나 AI로 인한 변화와 발전에 대처하는 입장은 어떠해야 할까? 기술의 변화에 대처하지 못한다는 것은 무엇인가, 혹은 지금의 변화를 꼭 따라가야 하는 것인가에 대한 측면이다. 변화에 꼭 대처해야 하는가는 변화의 목적, 영향, 자신이 갖는 목표 등에 따라 다를 것이다. 모든 변화를 무조건 받아들일 필요는 없지만 변화의 본질과 결과를 이해하고 선택적으로 대처할 필요는 있다. 지금의 사회 변화에 대한 대처 방안은 컴퓨터의 발명과 이후에 지속된 변화와 혁신에 대한 이해가 도움을 줄 수 있다.

역사적 측면에서 기술 혁신으로 인한 산업 혁명으로 직업 구조가 변하고 많은 사람들이 재교육이나 도시 이주를 통해 적응했다. 인터넷이 부상하던 시대에도 초기의 불신과 우려는 결과적으로 사회를 연결하고 경제를 활성화시켰으며, 세계를 하나로 인식할 수 있도록 했다.

디지털, AI의 발전으로 인한 변화로 혁명이라는 단어의 사용이 전혀 어색하지 않은 지금은 어떠한가? 어떤 변화가 있는지 이해하는 것은 자기 계발과 성장에 대한 초석이 될 수 있다. 변화를 이해하고 개인의 한계를 인식하는 것은 새로운 도전에 맞서 성장할 기회를 제공할 것이기 때문이다. 생성형 인공지능에 대한 이해가 부족한 경우 새로운 기술이나 사고방식을 따라가거나 변화의 본질을 파악하는 데도 어려움이 있을 것이다. 현재의 기술에 대한 이해 부족은 변화에 수동적일 수밖에 없으며, 결과적으로 자신의 선택권을 줄이게 할 수 있다. 사회인으로서 홀로서기를 준비해야 하는 대학에서 변화를 어떻게 받아들여야 할 것인지를 고민해 보아야 한다.

AI와 사람의 협업

Web 2.0에 대한 관심은 일방적으로 정보를 보여 주었던 Web 1.0과 달리 개방, 공유, 참여, 즉 쌍방향이라는 용어로 정리할 수 있다. 사용자가 직접 정보를 생산하고 타인과 함께 쌍방향으로 소통할 수 있도록 하는 웹 기술이 Web 2.0이었다.

2006년 12월 6일, 팀 오라일리(Tim O'Reilly)는 "Web 2.0 Compact Definition: Trying Again"이란 제목으로 "집단 지성을 활성화하는 것(Harnessing Collective Intelligence)이 웹 2.0의 핵심이다"라고 했다. 이후 '집단'과 '지성'이라는 용어에 대한 다양한 설명과 이해가 존재했으나, 중요한 것은 '집단 지성'의 가치가 참여와 협업이라는 점이었다. 집단 지성은 특정 집단의 의견에 치우치거나 집단 사고(Groupthink) 등의 편향으로 이어질 수 있으나, 협업을 통한 문제 해결, 지식의 축적 등에 대한 긍정성은 배제하기 어렵다.

AI는 집단 지성을 통해 강해진다. 집단 지성이 다양한 사람들의 아이디어와 지식을 모아 문제를 해결하거나 결정을 내리는 과정이라면, AI는 방대한 데이터를 처리하고 패턴을 분석해 효율성을 극대화하는 기술이기 때문이다.

AI와 협업은 약점을 보완하고 융합의 시너지를 높여주고 있다. 예를 들어 크라우드 소싱 플랫폼인 캐글(Kaggle: 데이터 과학 대회), 작업 분담 플랫폼(Amazon

Mechanical Turk) 등이 있다. 또한 크라우드 소싱의 지혜를 활용하고 AI가 이를 분석하는 게임 기반 과학 연구 프로젝트인 폴딧(Foldit: 단백질 구조 연구)은 과학적 전문 지식이 없는 사람도 복잡한 연구에 기여할 수 있다는 장점이 있다. 세계 최대의 시민 과학 플랫폼인 주니버스(Zooniverse)는 천문학, 생태학, 역사와 인문학, 의학과 생물학 등 다양한 분야에서 활용된다. 옥스퍼드대학교와 시카고대학교의 연구팀이 주도해서 개발했으나, 일반인들이 과학, 자연, 예술 등 다양한 분야의 연구에 참여해 데이터를 분석하고 분류함으로써 AI나 자동화 기술이 놓칠 수 있는 세부 사항을 발견하는 데 도움을 주고 있다.

전문 교육을 실시하는 대학에서 참고해야 할 분야이며, 서비스다. 집단 지성의 힘을 이해하고 참여하는 것, 참여를 위해 갖추어야 할 사항 등은 AI에 대한 이해가 없는 사람에게 변화의 시작을 알리는 계기가 될 수 있다.

AI로 인한 대학의 변화

대학에서 AI나 데이터 과학에 대한 이해를 가르쳐야 하는 것은 데이터 중심의 사회에서 데이터를 해석하고 활용하는 필수적인 능력을 습득시키기 위해서다. 현실의 문제를 해결할 수 있을 뿐 아니라 데이터 기반의 접근을 통해 미래 사회나 산업 등에 대한 이해를 높일 수 있어서다. AI는 자연 과학, 공학, 인문학, 예술 등 모든 학문 분야와 결합해 새로운 연구와 창의적 결과물을 만들어 내고 있다. X + AI, AI + X라고 할 정도로 다양한 학문과의 융합을 통해 학문 간 경계를 허물어 가고 있다. 특정 분야의 전문 지식과 AI 기술을 함께 갖춘 X + AI, AI에 대한 지식을 갖춘 다음에 다양한 분야의 전문 지식과 융합하는 AI + X는 분야별 문제를 해결하는 데도 유용하다.

산업 변화와 직업 구조의 재편은 인간에게 더 창의적이고 전략적인 역할을 요구하고 있다. 개발자, 분석가가 아닌 AI 개발자, 데이터 분석가, AI 윤리 전문가 등 새로운 직업군이 생겨나고 있다. 의료, 디자이너, 예술, 교사, 연구자 등의 직업군에서는 AI를 보조 도구로 활용하는 것이 더 이상 낯설지 않다. 대학은 전통적인 학문적 지식뿐 아니라 실질적인 기술을 활용할 수 있는 인재 양성에 힘을 기울이고 있다. 빠른 기술의 변화에 대응하기 위해 지속 가능한 학습 능력을 배양하고, AI와 데이터 과학에 대한 기초를 기반으로 졸업 후에도 관련 기술을 계속 발전시킬 수 있는 생애 학습의 관점을 고려한 것이다.

대학에서 AI를 가르치는 것은 단순한 기술 교육이 아니라 미래 사회를 준비하는 기본 소양을 배양하고 다양한 문제를 해결할 수 있는 역량을 갖출 수 있도록 하기 위함이다. 모든 학문과 산업 발전의 핵심 요소인 AI를 이해하는 것은 개인과 사회의 발전에 결정적인 역할을 한다.

수업과 AI

AI로 인해 변화하는 것은 사회만이 아니다. 초중등 학교뿐 아니라 대학에서도 수업의 형태, 내용, 그리고 교육 방식에 큰 변화를 가져오고 있다. 변화는 기술적 도구의 활용뿐 아니라 교수와 학생, 학생과 학생 간의 상호 작용, 교육의 목적, 평가 방식에도 영향을 미친다.

적응형 학습 플랫폼을 도입해 학생의 학습 의지와 참여를 높이고 있는 시드니대학교의 사례가 있다. 적응형 학습에 대한 긍정적 인식에도 불구하고 실제로 활용하고 있는 사례는 많지 않다. 시드니대학교는 적응형 학습 플랫폼을 과학, 공학, 의학 및 심리학 등 학습 난이도가 높은 교과 과정에 우선적으로 적용했다. 예를 들어 공학 분야에서는 다양한 실험이나 시뮬레이션이 필요한 프로그램을 적용해 실시간 피드백과 학습 분석을 제공한다.

의학 분야에서는 시뮬레이션을 통해 실제 수행이 어려운 환자들의 치료 과정 및 증상의 진행 상황에 적용하고 있으며, 교육학이나 심리학 분야에서는 반응 시뮬레이션, 게이미피케이션 등을 활용한다.

AI 기술을 활용한 많은 수업 도구는 교육의 효과를 높이고 있다. 작문이 어려운 학생들을 위해 생성형 AI를 활용해 동화를 만들 수 있다. 동화 만들기에서 생성형 AI를 활용하면 학생은 직접 스토리를 만들면서 생성형 AI의 도움을 받을 수도 있다. 특히 학생들이 원하는 이미지 생성에 생성형 AI는 많은 도움이 된다. 생성형 AI를 활용한 콘텐츠의 제작은 학생들의 창작에 대한 의욕을 높여 줄 수 있을 뿐 아니라 표현을 쉽게 하는 데도 기여하고 있다.

역사 수업과 관련해서는 사건의 간략한 설명을 제공하는 것, 사건과 관련한 부가적인 내용을 제시하는 것 등에서 생성형 AI의 활용이 가능하다. 다양한 작문의 글을 생성형 AI에게 비평하도록 하는 것은 인간과 AI의 차이를 이해시키는 데도 효과적이다. 생성형 AI를 활용한 수업은 어렵게 느껴지는 창작의 분야에 쉽게 접근할 수 있도록 한다. AI 도구를 활용한 협업 프로젝트에서 보고서 작성의 자동화, 경영학 수업에서 마케팅 데이터 분석 등은 학습의 동기를 부여하는 데도 효과적이다.

수업에서 생성형 AI의 활용에 대한 비판적 시각도 적지 않다. 지나치게 생성형 AI에 의존하면서 스스로 사고하는 문제 해결 능력이 저하할 가능성, 학생들의 비판적 사고와 글쓰기 능력의 저하, 학생들이 문제 해결 과정이나 논리를 이해하지 못하고 자동으로 생성된 답변에만 의존할 수 있음 등이 있다. 생성형 AI는 최적화 AI와 달리 정답처럼 보이는 응답을 제공한다. 실제로 허구적인 내용을 포함할 수 있다는 한계는 인간이 비판적 사고를 갖지 않으면 찾아내기 힘든 사실이기도 하다. 또한 AI 활용 능력이 부족한 학생들이 학습에서 불리한 위치에 놓일 수 있다는 가능성도 배제하기 어렵다.

다양한 문제점이 존재하지만, 거스를 수 없는 기술의 발전, 사회 전반의 변화에 적응하고 AI와의 공존을 위해 시대에 적응하는 수업으로의 변화는 선택이 아닌 필수가 되었다.

AI 시대에 인문학의 역할

세상의 중심을 인간이라고 할 때, 시대의 빠른 변화를 선도하고 있는 AI와 인문학의 관계를 정의하는 것은 인간의 삶과 밀접한 관련이 있다. AI 기술을 단순한 도구로 인식하지 않고, 인간의 삶뿐만 아니라 가치, 윤리 그리고 존재의 의미를 재정의하는 데도 영향을 미치고 있기 때문이다. 인문학은 AI 개발, 활용의 목적과 방향성을 제시할 수 있으며, 기술이 인간 중심적으로 설계되도록 도울 수 있다. 즉, 인간의 삶을 편리하게 하고 생산성을 높이는 도구의 개발 과정에서 'AI를 개발하는 이유', 'AI가 인간에게 미치는 영향력' 등에 대한 탐구를 가능하게 하기 때문이다.

AI는 인문학적 질문에 답할 수 있는가, AI가 생성하는 답은 인간에 대한 이해를 담보하고 있는가 등은 인문학이 풀어야 할 과제이기도 하다. AI가 인간처럼 그림을 그리고 음악을 작곡하며 언어를 생성하는 지금, 인간의 독창성과 창의성의 경계는 재정의되어야 한다. 즉, AI는 창의성이 인간만의 고유한 능력인가, 의식이란 무엇인가 등과 같이 인간의 복잡한 사고와 행동 패턴을 더 깊게 연구하는 계기를 제공하기도 한다.

인간 중심의 가치를 높이기 위해 '인간다움', '진정한 의미의 창작' 등에 대해 논의하는 것은 AI가 과연 인간의 감정을 이해하고 공감할 수 있는지에 대한 물음에 답하는 것이다. 인문학적 관점은 AI가 인간의 경쟁자가 아닌 협력자로서 작동하기 위한 방향성이 될 수 있다. 인문학적 통찰과 AI 기술의 결합은 인간의 창의성과 문제 해결 능력을 확장할 수 있으며, 더 나은 사회를 설계하게 한다. 인문학은 AI 기술의 활용이 인간의 삶을 풍요롭게 하고 윤리적 책임을 다하며, 인간다움을 확장할 수 있도록 하는 데 가이드를 제공할 수 있다.

인공지능과 대학의 학위

AI로 인한 사회의 변화에 적응해야 하는 것은 개인뿐 아니라 대학의 발전과도 관련이 있다. 대학은 이론적이고 학문적인 배경을 제공하지만, 빠르게 변화하는 산업 요구에 맞추는 데는 어려움이 있다. 반면, 마이크로디그리는 최신 기술과 실무 능력을 학습할 기회를 제공하기 때문에 대학 학위의 실용성을 보완할 수 있다는 장점이 있다. 대학에서 마이크로디그리에 집중하는 이유다.

초기의 마이크로디그리는 MOOC 등과 같이 제도권 밖의 상황에서 이루어졌다. 대학에서 이론을 배우고, 마이크로디그리로 최신의 기술이나 변화를 학습하는 것이다. 그러나 몇 개 대학에서 마이크로디그리를 학위 과정의 일부로 통합하면서 마이크로디그리를 학점으로 인정하거나, 학위 프로그램 내 선택 과목으로 제공하고 있다. 마이크로디그리를 통해 단계적 학습 경로를 제공하고 학사 과정의 다양한 과목을 마이크로디그리와 연계하고 있다.

마이크로디그리에 대한 대학의 변화된 시선은 대학과 산업체의 연결, 사회에서 필요로 하는 인재 양성이라는 긍정적 효과와 연결된다. 마이크로디그리에 대한 이해에서 주의해야 할 점도 적지 않다. 학문적 깊이와 실용성의 보완이 이루어지는지, 인증이 표준화되지 않은 상태에서 신뢰할 수 있도록 하는 방안을 마련하는 것 등이다. 전통적인 학위와 마이크로디그리의 결합은 대체가 아닌 보완의 관점에서 강점이 있는 것은 분명하다.

생성형 AI의 모델과 프롬프트

생성형 AI의 활용이 보편화하면서, 생성형 AI의 각 모델에 대한 관심도 높아지고 있다. 일반적인 활용뿐 아니라 대학에서의 생성형 AI 활용에서 중요하게 고려되는 것이 모델에 대한 이해와 프롬프트 디자인이다. 딥러닝과 자연어 처리 기술로 언어 모델의 성능이 향상하고 있는 가운데 자연어 처리 분야에서 주목받고 있는 모델은 LLM과 LMM이다.

대형 언어 모델(LLM: Large Language Model)은 텍스트 기반 입력을 처리하고 언어 생성, 분석, 변환 등의 작업을 수행하는 모델이다. 최근에는 대형 멀티 모달 모델(LMM: Large Multimodal Model)이 상당한 진전을 이루었고, 지속적으로 발전하고 있다. LMM의 경우, 텍스트, 이미지, 비디오, 오디오 등 여러 데이터 유형을 처리하고 생성하는 모델로 언어뿐 아니라 시각적 정보까지 이해하고 활용할 수 있어 더욱 다면적이라고 할 수 있다.

LLM과 LMM을 활용해서 서비스되는 AI 시스템이나 생성형 AI 모델에서 원하는 결과를 얻기 위해서는 전략적으로 구성하고 최적화하는 프롬프트 디자인이 필요하다. 프롬프트 디자인은 AI와의 효율적이고 효과적인 상호 작용을 위한 핵심 기술이기 때문에 프롬프트 디자인의 방향성이 명확할수록 원하는 결과를 얻을 수 있다. LLM 관점에서 모호한 프롬프트는 잘못된 방향의 응답을 도출할 수 있기 때문에, 구체적인 지침을 제공하고 맥락을 제시하는 것이 좋다. 더불어 예시를 포함한다면 보다 정확한 답을 얻는 데 도움이 된다.

LMM 관점에서는 프롬프트 입력에서 텍스트와 비정형 데이터(이미지, 비디오 등)를 활용할 수 있다. 따라서 텍스트와 이미지가 결합한 입력을 설계하거나 텍스트와 이미지 간의 상호 작용을 명시하는 등의 프롬프트 생성도 가능하다. 즉, LLM의 프롬프트 디자인은 언어적 명료

성과 구체성을 강조하며, 주로 텍스트 기반 작업의 품질을 향상하는 데 초점이 있다. LMM은 멀티 모달 데이터를 다루기 때문에 텍스트와 이미지 간의 관계를 효과적으로 설계하는 데 중점이 있음을 고려한다.

생성형 AI에도 다양한 모델이 있는 만큼 사용자의 의도와 목표에 부합하는 결과를 얻기 위해서는 전략적 접근이 요구된다. 각 모델에 대한 정확한 이해는 AI 오작동의 가능성을 배제할 수 있으며, 사용자가 기대하는 결과와 괴리되지 않은 산출물을 얻을 수 있다.

삶 속에서

세상의 변화 속에서 사회와 교육은 상호 보완적이며, 지속 가능한 미래를 위해 협력해야 한다. 사회는 공정하고 안정된 환경을 제공하고, 교육은 변화에 적응하며 미래를 준비할 수 있는 인재를 양성하는 역할을 수행한다. 특히 인공지능으로 변화하는 세상에서 사회는 공정한 제도와 윤리적 기준을 마련하고 누구나 기술의 혜택을 누릴 수 있는 환경 조성에 힘을 기울여야 한다.

사람은 삶을 변화시키는 도구로서 인공지능을 이해하고 적극적으로 활용하기 위한 자세를 갖추어야 한다. 기술에 대한 기본 원리를 이해하는 것도 중요하지만, 가능성과 함께 한계를 고려하고 이를 활용하기 위한 기술적 역량을 갖추어 나가야 한다. 지속적인 학습을 통해 끊임없이 배우고 새로운 것을 갱신하는 데 끝이 없어야 한다.

인공지능이 효율적이고 강력한 도구라는 점을 인지하고 인간의 협력자로서 기능한다는 것에 초점을 두어야 한다. 다양한 문제 해결에 도움을 주는 인공지능이지만, 인간 고유의 가치를 바탕으로 기술을 주도적으로 통제하는 것은 인간의 몫이다. 윤리적 책임과 지속 가능성을 강조하며, 기술을 통해 더 나은 미래를 설계하는 역할은 결국 인간의 것이기 때문이다.

인공지능은 도구이고, 인간은 방향을 결정하는 주체라는 점을 기억하며, 기술과 인간의 조화로운 공존을 고려한다. 인공지능으로 인한 변화에 단순히 적응하는 것을 넘어, 인간이 변화를 주도할 수 있는 능동적 태도를 갖는 것은 인간다움과 인간으로서의 가치를 드러내는 것이다.

01
변화의 패러다임

AI · 디지털이 세상을 변화시키는 가운데 시대가 변했기 때문에 교육도 변해야 하는 것인가? 미래의 사회 구성원이 살아가는 데 필요한 지식이나 기술, 가치 · 태도 등을 가르쳐야 하는 것이 교육이기 때문에 변화해야 한다는 견해도 있다. 사회가 변하는 만큼 교육도 변화하고 있는지에 대해서는 명확한 답을 제시하기 어렵다. 변화의 시대를 따라 변해야 하는 이유가 무엇인지 생각해 보자.

AI와 1인 창업?

변화의 시작

모든 일에는 시작이 있다. 변화(變化)라고 해서 예외는 아니다. 지금까지 알지 못하던 것에 대한 이끌림, 신기하거나 색다른 것의 정체를 알고 싶어 하는 호기심이 바로 변화의 시작이다. 알고 싶어 하는 궁금증을 해결하기 위해 현재와는 다른 새로운 것을 시도한다. 인간의 호기심과 궁금증에서 비롯한 기술이나 과학의 발전은 세 번의 혁명을 거쳐 네 번째 혁명으로 인한 사회의 패러다임이 되었다. 시대의 패러다임을 바꿔 가고 있는 인공지능(Artificial Intelligence, AI)의 시작은 어디인가? 그리고 그 인공지능은 어떤 변화를 거쳐 지금에 이르고 있는가?

인공지능은 1955년 4월 4일의 모임에서 시작했다. 과학자와 수학자 네 명이 1955년 8월 31일 작성을 완료한 제안서를 1955년 9월 2일에 록펠러 재단(Rockefeller Foundation)에 공문과 함께 발송하면서다. 록펠러 재단에 제출된 17페이지의 제안서에서 인공지능이라는 용어가 처음 사용되었다. 10명의 과학자가 8주 동안 다트머스(Dartmouth)대학에서 인공지능에 관한 다트머스 여름 연구 프로젝트(Dartmouth Summer Research Project on Artificial Intelligence)를 통해서 "생각하는 기계(Thinking Machine)"의 가능성을 토론하고 싶다는 내용이었다. 다트머스대학에서 진행된 프로젝트에 대해 다트머스 워크숍(Dartmouth Workshop)이나 다트머스 컨퍼런스(conference, 회의)라고도 하지만, 록펠러 재단의 공식 문서에는 컨퍼런스로 기재되었다.

생각하는 기계를 만들겠다는 호기심에서 시작한 인공지능에 대한 연구에서 인공지능이라는 용어가 채택되고 학문 분야로 성립될 수 있음을 알린 것은 1956년 다트머스 컨퍼런스부터다. 그리고 여름 프로젝트의 결과는 부록이 붙은 46페이지 보고서로 남겨졌다.

컴퓨터 발명부터 생성형 AI까지

1941년 앨런 튜링의 컴퓨터 개발은 현대 컴퓨터와 인공지능의 시작점으로 볼 수 있다. 2차 세계 대전 중 독일군은 통신 암호화 장치인 에니그마(Enigma)를 사용해 비밀 메시지를 주고받았다. 에니그마는 매일 다른 설정을 사용해 문자를 암호화하는데, 그날의 암호를 풀지 못하면 모든 통신 내용을 이해할 수 없었다. 당시 독일군은 에니그마를 활용한 암호가 거의 해독 불가능하다고 믿고, 이를 통해 전쟁에서 전략적 우위를 점하려 했다. 암호 해독이 절실했던 상황에서 영국 정부는 에니그마를 해독하기 위해 블레츨리 파크(Bletchley Park)에 정부

암호 학교를 설립했다.

수학자이자 논리학자인 앨런 튜링을 포함한 팀을 구성했으며, 튜링은 암호를 해석하기 위해 전통적인 수학적 접근 대신 계산 기계, 즉 컴퓨터의 개념을 도입했다. 튜링이 개발한 초기 기계는 봄브(Bombe)라고 불렸다. 봄브는 에니그마 기계가 암호를 만드는 원리를 이용해 원문을 역추적하는 원리로 작동해 에니그마의 많은 암호 설정을 빠르게 해석할 수 있도록 했다. 사람의 손으로는 해결할 수 없는 수백만 가지의 조합을 계산하는 작업을 자동화한 것이다. 예를 들어, 서로 다른 수백 개의 자물쇠가 있는 방에 들어간다고 생각해 보자. 모든 자물쇠에 각각 다른 열쇠를 맞춰 보는 것은 매우 힘든 일이지만, 매우 빠르게 열쇠를 돌리는 기계가 있다면, 금방 방을 열 수 있을 것이다. 튜링의 봄브는 이런 역할을 했다.

튜링은 여기서 더 나아가 범용적인 계산 기계의 개념을 발전시켰다. 에니그마 해독과 같은 특정 문제만 해결하는 기계가 아니라, 모든 종류의 문제를 해결할 수 있는 튜링 기계라는 이론적 모델을 고안한 것이다. 이 아이디어는 오늘날 우리가 사용하는 컴퓨터의 기본 원리가 되었다. 계산기를 예로 들어 보자. 초기의 봄브는 우리가 수식을 입력하면 그에 맞는 결과를 내놓는 계산기와 같았다. 그러나 튜링이 상상한 기계는 계산뿐 아니라 문서 작성, 게임 플레이, 그림 그리기 등 다목적 작업 수행이 가능한 것이었다. 즉, 기계는 연속적인 계산을 수행할 수 있는 기본 원리를 포함했으며, 당시엔 매우 기초적인 기계였지만, 현대 컴퓨터의 프로세스와 유사한 아이디어가 담겨 있었다.

독일군의 에니그마 암호 해독은 단순한 전쟁 기술이 아니라, 컴퓨터의 탄생과 발전, 나아가 인공지능 연구의 초석을 다진 중요한 사건이었다고 할 수 있다.

컴퓨터의 발명에 이어 튜링이 인공지능 개념을 최초로 제안했기 때문이다. 1950년에 "기계가 생각할 수 있는가?"라는 질문으로, 튜링 테스트를 개발했다. 테스트의 개념은 기계가 인간과 구분되지 않게 대화를 나눌 수 있다면, 그 기계는 '지능'을 가졌다고 판단할 수 있다는 것이다. 그리고 네 명의 연구자에 의해 인공지능에 대한 연구가 1956년 시작된 것이다.

인공지능에 대한 이론적 기초가 자리 잡기 시작한 것은 1960년에서 1980년대다. 1970년대에 전문가 시스템이라는 초기 AI 프로그램이 개발되었는데, 이는 의사 결정을 돕기 위한 프로그램으로, 특정한 주제에 대해 전문지식을 활용할 수 있도록 했다. 1980년대에 개발된 전문가 시스템 중 하나인 마이신(MYCIN)은 의료 진단 프로그램이다. 마이신은 스탠포드대학의 쇼트리페(E. H. Shortliffe)가 중심이 되어 1974년에 개발한 혈액 감염증, 수막염의 진단 및 항생 물질 투여를 조언하는 시스템으로 리스프(LISP, LIST Programming)를 사용한 추론 엔진이다. 리스프는 괄호를 사용해, 괄호 안에 다양한 정보를 넣어 놓고, 필요한 정보를 활용하는 방식이다. 마이신은 의사들에게 감염성 질환의 진단을 돕는 데 기여했다. 초기 시스템은 특정 분야에서 유용하게 활용될 수 있었지만, 오늘날의 AI처럼 다양한 문제를 해결하지는 못했다.

1990년대에 들어서면서 기계 학습(Machine Learning)이 인공지능 연구의 중요한 부분으로 자리 잡았다. 기계 학습은 기계(컴퓨터)가 스스로 배우는 것을 의미한다. 사람이 새로운 것을 배울 때 많이 연습하고, 실수하면서 더 잘하게 되는 것과 같은 원리다. 컴퓨터도 처음에는 잘 알지 못하던 것에 대해 많은 양의 데이터를 학습하면서 점점 발전하게 된다. 예를 들어 기계 학습은 컴퓨터에게 사진이나 숫자, 문장 같은 많은 데이터를 보여 주고, 이를 반복해서 공부하도록 한다. 그리고 그 속에서 특정 패턴을 알아내서 더 잘 맞힐 수 있게 되는 것과 같다.

예를 들어, 수많은 고양이 사진과 개 사진을 컴퓨터에 보여 주고, "이건 고양이, 이건 개야"라고 알려 준다고 생각해 보자. 컴퓨터가 처음에는 개인지 고양이인지 헷갈릴 수 있지만, 수많은 사진을 보면서 고양이와 개의 차이를 스스로 배워 나간다. 결국 나중에는 완전히 새로운 고양이 사진을 보여 줘도 "아, 이건 고양이구나!"라고 알 수 있게 된다는 것이다. 즉, 기계 학습의 핵심은 많이 보여 주고 패턴을 발견하고 새로운 상황에 잘 대처하는 것이라고 할 수 있다.

기계 학습은 생활 주변에도 많이 사용하고 있다. 유튜브에서 당신이 좋아할 만한 영상을 추천해 주는 것도 기계 학습 덕분이고, 게임에서 나의 상태에 맞는 등급의 게임을 제안하는 것도 이런 기술과 관련이 있다. 기계가 학습을 하면서 사람보다 더 잘할 수 있다는 가능성을 보여 준 것은 1997년, IBM의 컴퓨터 딥 블루(Deep Blue)가 체스 세계 챔피언이면서 역사상 최고의 체스 선수라 일컫는 가리 카스파로프(Garry Kasparov)를 이기면서부터다. 기계 학습과 알고리즘의 승리로, 기계가 인간을 능가할 수 있다는 가능성을 처음으로 보여 준 사례다.

2010년대에는 딥러닝(Deep Learning)의 발전으로 AI가 놀라운 속도로 성장했다. 딥러닝은 인공 신경망을 기반으로 대량의 데이터를 처리하고 패턴을 학습하는 기술이다. 딥러닝을 통해 인공지능은 이미지 인식, 음성 인식, 자연어 처리 등 다양한 분야에서 탁월한 성과를 내기 시작했다. 2016년, 구글 딥마인드의 알파고가 바둑 세계 챔피언인 이세돌 9단을 이긴 것은 딥러닝이 얼마나 강력한지 보여 준 대표적인 사건이라 할 수 있다. 왜냐하면 바둑은 경우의 수가 다른 게임 등에 비해 매우 많아서 전통적인 인공지능 방법으로는 풀 수 없는 문제였지만, 딥러닝을 통해 인공지능이 스스로 전략을 학습한 사례이기 때문이다. 2020년에 들어서면서 생성형 인공지능(Generative AI)이 주목받았다. 생성형 인공지능은 다양한 유형의 새로운 콘텐츠를 만들어 낼 수 있다. 예를 들어, 텍스트(글)를 생성하는 구글의 제미나이(Gemini), 메타의 라마(LLaMA, Large Language Model Meta AI), GPT(Generative Pre-trained Transformer) 모델이나, 이미지를 생성하는 미드저니(Midjourney), 달리(DALL-E) 등이 있다. 미드저니나 달리는 텍스트로 된 설명문 또는 설명구로부터 이미지를 생성하는 인공지능 프로그램으로, 영국 잡지 ≪이코노미스트≫에서 2022년 6월 호의 표지를 만드는 데도 사용되었다.

생성형 인공지능 기술은 대화, 창작, 음악, 미술 등 다양한 영역에서 혁신을 이끌고 있다. 2024년에는 프롬프트에 그리고 싶은 내용의 텍스트를 입력하면 영상을 만들어 주는 소라(Sora) 서비스, 보고 듣고 말해 시각 장애인을 도울 수 있는 GPT-4o 등이 발표되었다. 페이스북이 회사명을 바꾼 메타(Meta)는 선글라스만으로 휴대폰과 연동해 사진을 찍거나, 음악을 듣고, 스트리밍 서비스가 가능한 서비스를 시작했다.

2024년 8월 기준으로 챗지피티(ChatGPT)는 주간 2억 명, 메타는 월간 2억 명의 사용자를 이미 보유하고 있다. 현재 사용되는 챗봇은 대화형 인공지능이 질문에 답하거나 새로운 아이디어를 만들어 내는 것, 그림을 그리는 것 등이 가장 많이 사용되고 있으며 궁극적으로는 기술과 인간의 소통을 통한 보다 다양한 콘텐츠 창작의 시작일 것이다. 이제 이 변화에 각자 어떻게 적응하고 있는지 생각해 보아야 할 때다.

세상의 변화와 대학

혁신(革新)의 의미가 완전히 바꾸어서 근본적으로 새롭게 하는 일이라면, 변화(變化)는 무엇이 가진 성질이나 모양 따위가 다르게 바뀌어 가는 것을 의미한다. 혁신이 두려운 것은 완전히 바뀌는 것 때문일 것이다. 반면, 변화는 바뀌고 있는 것에 대한 흐름을 사람이 그리고 사회가 느낄 정도다. 무엇인가 상태가 달라지는 것은 두려운 것이지만, 적응하지 못하면 도태될 수 있다는 것을 함께 인지해야 한다. 바꾸어 말하면, 도태되지 않기 위해서는 변화가 무엇인지에 대해 알기 위해 노력할 필요가 있다는 것이다.

인간을 변화, 발전시키는 것은 호기심과 궁금증에 의해서이지만, 아이러니하게 우리의 뇌는 변화를 싫어한다는 충격적인 사실 또한 존재한다. 이것 때문에 지금의 삶이 편안하지 않더라도 변화에 대해 사람은 근본적인 두려움을 갖는다.

인공지능과 관련해 무엇이 변화하고 있는지에 대해서는 이미 살펴보았다. 사회의 변화에 가장 밀접하게 연결되어 있는 교육 기관은 대학이다. 사회에 진출하기 위한 마지막 관문이 될 수 있는 대학은 사회로 나아가기 위해 필요한 것을 마지막으로 준비할 수 있는 곳이기도 하다. 꼭 대학이 아니어도 괜찮다. 사회로의 진출을 생각하고 있다면, 사회의 문을 두드리기 전에 자신의 준비 상태를 점검할 필요가 있다. 영하의 날씨에 대비하기 위한 옷차림, 더위를 피하기 위한 준비물, 비를 막기 위한 도구를 준비하는 것처럼 사회로 나아가기 위해 혹은 삶을 준비하기 위해 무엇이 필요할 것인지에 대해 생각해야 할 때다. 사소한 추위와 날씨에는 민감하지만 살아가야 할 힘을 기르는 일에는 소홀할 가능성이 많기 때문이다. 이제 사회를 향한 준비의 마지막 단계에서 대학은 무엇을 준비해야 하는가? 사회의 변화에 대학은 어떻게 변화하고 있으며, 어떤 대체를 준비하는가?

인공지능과 공존해야 하는 세상에서 적응한다는 것은 무조건적인 수용을 의미하는 것은 아니다. 모든 변화에 긍정적이지 않아도 된다. 그러나 변화를 수용하거나 반대할 때 더 명확한 근거를 갖고 가치 판단할 수 있는 능력을 기르는 것은 중요하다. 즉, 변화에 대해 이해하고, 변화의 원인을 파악함으로써 지속적인 개선의 가능성을 통해 변화에 대한 역량을 높여 갈 필요는 있다. 사회로의 진출을 앞두고 대학은 살아갈 수 있는 힘을 주기 위해 두려움보다는 용기를 줄 수 있는 대처를 함께 해 나가야 한다. 그리고 당신은 한 걸음을 딛기 위한 용기가 바로 변화에 대한 준비임을 알고 있다.

참고문헌

Barbara Shubinski(2022). "A roomful of brains": Early advances in computer science and artificial intelligence. RE:SOURCE. https://resource.rockarch.org/story/a-roomful-of-brains-early-advances-in-computer-science-and-artificial-intelligence/

Robert Maurer, Ph. D.(2004). *One small step can change your life: The kaizen way.* WORKMAN PUBLISHING

02
AI와 르네상스적 인간

인류 역사에서 문화적 부흥기는 시대와 지역에 따라 다양했으며, 각 시기마다 독특한 발전을 이루었다. 근세(early modern period: 1400~1600)의 문화로 현대에 이르기까지 영향을 미치고 있는 것은 아마 르네상스(Renaissance) 시기일 것이다. 서양 문화의 부흥을 상징하는 르네상스는 다재다능함을 통해 학문과 기술의 융합을 이루었다. 현대의 AI는 르네상스의 부흥기와 어떤 공통점이 있을까?

AI와 MBTI?

레오나르도 다빈치와 AI

레오나르도 다빈치(Leonardo da Vinci)와 AI는 어떤 유사점이 존재할까? 르네상스의 대표적인 인물로서 뛰어난 예술가일 뿐만 아니라 과학자, 엔지니어, 발명가로서도 혁신적인 발명품들을 구상한 레오나르도 다빈치는 당시의 기술로는 실현되지 않은 것도 많았지만, 현대의 과학과 공학에 많은 영향을 주었다. 다빈치는 예술가, 발명가, 과학자, 만능 위인 등 많은 이미지를 대표하고 있다. 그의 천재성에 비해 잘 알려지지 않은 측면 중 하나는 미식과 관련이 있다. 요리에도 조예가 깊었던 다빈치는 주방에서 사용하는 다양한 기기들을 발명하기도 했다(Bezzone, 2024).

다빈치는 예술, 과학, 공학, 해부학 등 다방면에 뛰어난 학자였던 만큼 깊은 관찰과 분석을 통해 세상에 대한 이해의 폭을 넓혔다. AI의 경우도 유사한 측면이 적지 않다. AI의 고급 모델은 시각 예술에서 데이터 분석에 이르기까지 다양한 분야의 작업을 수행하도록 설계되어 여러 분야에서 높은 수준의 결과를 내기 위해 끊임없이 진화하고 있다. 탐구와 창조의 관점에서 다빈치의 호기심과 끊임없는 혁신이 획기적인 발명품과 작품으로 이어졌다면, AI 모델은 지속적인 개선을 통해 복잡한 문제를 해결하고 지식과 창의성의 경계를 넓혀 가고 있다.

간과해서는 안 되는 중요한 차이점도 존재한다. 다빈치의 천재적인 발명품과 작품은 인간의 감정, 직관, 주관적 경험과 탐구를 향한 열정에 뿌리를 두고 있다. AI는 방대한 양의 데이터에 대한 학습을 통해 획득한 모델, 데이터 처리와 패턴 인식 등을 기반으로 작동한다. AI는 창조적인 작품을 모방하거나 생성할 수는 있지만 르네상스 시대의 그들처럼 세상을 경험하거나 개인적인 호기심이나 탐구에 대한 열정이 있는 것은 아니다. AI가 모방하려고 노력하고, 어느 분야에서는 인간을 넘어서기도 하지만 결코 완전히 도달할 수 없는 것이 바로 인간의 본질이다.

인간의 관점에서 레오나르도 다빈치의 창의성은 그의 상상력과 개인적인 통찰력에 근거한다. 즉, 다빈치는 인간의 지각을 통해 비행 기계에 대한 세밀한 스케치를 해냈던 것처럼 아무도 상상하지 못했던 개념을 이해하고 시각화하는 데 비약적인 발전을 이루었다. 예를 들면, 다빈치는 자연에서 영감을 받은 복잡한 엔지니어링 기계를 설계했다. 새의 비행을 모티프로 한 오르니토테로(ornitottero)의 설계는 예술과 과학을 융합하는 그의 능력을 보여 준 산물이다. 다빈치는 타고난 천재성에 근거

한다기보다 당시에 발견되지 않은 예술, 자연, 공학 간의 연결 고리를 찾고, 호기심과 탐구의 자세를 지속했다. 다빈치는 모든 인간이 그러하듯이 결과가 불확실하거나 불완전한 미지의 영역에서 실패와 실험을 통해 자신의 생각을 발전시켰다.

AI는 어떠한가? AI는 학습한 데이터를 기반으로 결과물을 생성하기 때문에 기존에 존재했던 방대한 양의 데이터를 빠르고 효율적으로 합성하는 데 탁월한 산출물을 생산한다. 수많은 사례를 통해 학습함으로써 패턴을 인식하고 결과를 예측하며 창의적인 작품을 만들어 낼 수도 있다. 그러나 인간과 달리 AI는 내면의 욕구나 세상에 대한 감정적 반응으로 '창작'을 하는 것이 아니라 알고리즘을 사용해 데이터 트렌드에 부합하는 결과를 생성한다. 예를 들어, AI는 다빈치 스타일의 예술 작품을 생성할 수 있지만, 근본적인 비전이나 철학적 의도가 존재하는 것은 아니다. 실패한 산출물에서도 AI는 피드백 루프를 사용해 오류를 수정하면서 효율성과 정확성을 높여 가며 최적화한다. 그리고 시행착오를 직접 경험하지 않고 미리 정해진 프로세스를 따라 학습하고 산출물을 생산한다.

궁극적으로 AI와 레오나르도 다빈치 모두 경계를 초

월했고, 초월해 가고 있다. 다빈치는 '보편적 인간'이라는 르네상스 시대의 이상을 구현했고, AI는 한계 없이 지식을 추구하는 현대 인류의 탐구에 대한 산물이기 때문이다.

다빈치는 당시의 상식을 뛰어넘는 인체 해부학 스케치나 항공 분야에서 하기 어려운 중력을 거스르는 자연 비행에 대한 탐구를 통해 새로운 것을 실현했다. AI는 뛰어난 연산 능력으로 혁신을 일으킬 수 있지만, 개인의 비전에 의해 주도되는 반항적이고 독창적인 사고는 가지고 있지 않다. AI는 학습한 패턴에 따라 최적화하도록 개선하지만, 위험을 감수하는 개인적인 감각이나 철학적 대담함이 존재하지는 않기 때문이다. AI의 창의적 잠재력은 인간의 창의성을 대체하는 것이 아니라 보강하는 데 더 가깝다고 할 수 있다. 다빈치가 호기심과 관찰을 바탕으로 가능성을 재구성해 혁신을 이뤘다면, AI는 인간에게 도구를 제공하고 옵션을 생성하거나 새로운 조합을 제안한다. AI에 의해 제안된 것들은 사상가와 크리에이터에게 새로운 방향을 제시함으로써 도움을 주고 있다.

다재다능한 면에서는 유사하지만, AI는 의식, 감정, 개인적인 야망이 부족하기 때문에 레오나르도 다빈치와 같은 의미에서 '창의적'이거나 '혁신적'이 되기는 어렵다. 하지만 인간의 창의성의 경계를 확장하고 혁신을 강화하는 면에서 AI의 역할은 그 자체로 혁신이라고 할 수 있기 때문에 AI를 인간의 창의성과 혁신을 돕는 도구로 사용한다면 인간의 능력을 확장하는 데 기여할 수 있음은 분명해 보인다.

인간의 창의성을 증폭하는 AI

르네상스의 이상과 AI는 모두 인간 창의성의 한계를 뛰어넘고자 하는 것이 핵심이지만, 서로 다른 각도에서 이 목표에 접근해야 한다. 르네상스 휴머니즘은 개인의 존엄성, 가치, 창의적 잠재력을 강조했다. AI는 인간의 잠재력이나 능력을 확장하는 도구로 볼 수 있으며, 개인이 기존의 한계를 넘어 창의적인 잠재력을 탐구하는 데 도움을 줄 수 있다.

르네상스적 인간은 다양한 분야의 고른 지식을 갖고 있는 새로운 것에 도전하는 융합적 특성을 갖는다. 다양한 분야에 걸쳐 두각을 나타내는 다재다능한 경우는 흔하지 않다. 그러나 르네상스 시대의 다학제적 이상과 마찬가지로 AI는 여러 분야에 걸쳐 적용될 때 강력한 힘을 발휘할 수 있도록 하는 데 도움을 줄 수 있다. 예를 들어,

바이오 아트 분야에서 AI는 예술가들이 생물학자와 협업할 수 있는 가능성을 높여 주며, 문학에서는 작가가 과학적 또는 철학적 탐구에 기반한 내러티브를 개발하는 데 도움을 줄 수 있다. 다양한 분야의 교차점에서 창의성이 발현된다는 르네상스 시대의 믿음은 AI의 활용을 통해 예술, 과학, 기술 간의 간극을 메우는 데 기여할 수 있다.

대학에서의 창의성이나 학제 간 융합이 어려운 것은 전문 분야가 존재하는 상황에서 다양한 분야의 지식을 모두 섭렵하기가 쉽지 않기 때문이다. AI는 학문 간의 간극을 메우는 데 기여할 수 있을 뿐 아니라 융합을 통해 새로운 시선을 가능하게 한다. 교육, 의학, 사회 과학, 예술, 환경, 법, 공학, 생명 과학, 경제 등 모든 분야에서의 융합이 가능하기 때문이다. 예술 분야의 경우, 르네상스 예술가들에게 수년간의 기술 개발이 필요했던 공예의 숙달은 중요한 능력이었다. AI는 의식적으로 창작하지는 않지만 인간과 협업해 장인 정신을 향상할 수는 있다. 기술 실행, 패턴 인식, 심지어 스타일 적응에도 도움을 줄 수 있기 때문이다. 즉, AI는 르네상스 거장들이 창작 과정을 향상하기 위해 받아들였을 법한 견습생 또는 도구가 될 수 있을 것이다.

르네상스의 이상과 AI의 차이점 중에 하나는 개인과 집단의 관점이다. 르네상스의 이상은 개인의 천재성에 의존하는 반면 AI는 집단 지성의 일부로서 공유한 데이터를 활용해 결과를 창출한다. 이는 창의성의 본질에 대한 철학적 질문과도 연관이 있다. 즉, 창의성이 본질적으로 고유한 개인과 관련이 있는지 아니면 기계가 협업 과정에서 의미 있는 기여를 했을 때도 인정해야 하는지에 대한 것이다. 창의성과 관련이 깊은 창작물에 대한 저작권의 문제다.

미국 저작권청(The U. S. Copyright Office)은 2023년 2월 21일, AI를 이용해 만든 창작물로서 최초로 미 저작권청 저작권 등록에 성공했던 그래픽 노블 "Zarya of the Dawn(새벽의 자리야, 등록번호 VAu001480196)"과 관련해, AI 창작 이미지의 저작권 보호를 인정하지 않는다고 발표했다. 그래픽 노블은 그림(Graphic)과 소설(Novel)의 합성어로, 만화와 소설의 중간 형식을 취하는 작품들을 의미한다. 해당 그래픽 노블은 전체의 텍스트, 텍스트에 대한 편집, 그림의 배치 등과 같은 인간 저작의 요소에 대한 저작권은 인정하지만 생성형 AI를 이용해서 구성한 이미지에 대한 저작권 등록은 인정하지 않는다는 것이었다. 프롬프트를 통해 인간 저자의 의도가 반영되었다 하더라도 AI가 생성한 이미지에는 인간 저작(Human Authorship)의 요소가 없다고 판결한 것이다. 저작권청은 사용자가 생성형 AI를 통해 얻고자 하는 이미지를 위해 다양한 프롬프트를 사용했다 하더라도 생성형 AI는 인간이 제어하고 조절할 수 있는 도구가 아니기 때문에 인간이 예측한 대로 이미지가 생성되는 것이 아니라는 판단에 따른 것이었다.

인간이 예측할 수 있다면, 창작물로서의 가치를 인정받을 수 있지만 그렇지 않다면 인간의 창작물이 아니라는 결과다. 저작권청의 판단은 저작권 신청자인 카스타노바가 AI를 통해 얻은 이미지를 수정했다는 것도 고려했으나, AI가 생성한 기존 이미지와 카스타노바가 수정한 이미지에 차이가 없다고 한 것이다.

대학에서도 생성형 AI에 대한 활용이 이루어지고 있는 만큼 "새벽의 자리야"에 대한 결정은 생성형 AI를 활용하는 관점에서 주의해야 할 사항이다. 대학에서 생성형 AI를 활용한 과제나 수업에서 생성되는 산출물을 어떻게 판단해야 할 것인가의 측면이기 때문이다. 인간 고유의 사고가 필요한 작업일 때, 생성형 AI의 활용을 어떻게 판단해야 할 것인지를 고려해야 한다.

인간의 감정과 경험의 표현과 깊은 관련이 있었던 르네상스 시대와 주관적 경험이 아닌 타인의 경험과 지식을 통한 집단 지성의 총화를 학습한 AI의 산출물을 어떻게 판단해야 할 것인지에 관한 것이다.

개인이 아닌 우리, 한 사람의 의견이 아닌 모두의 의견이 수렴되는 집단 지성을 학습한 AI에 대한 충분한 이해와 개인적 가치에 대한 수렴이 필요한 시점이다.

참고문헌

Francesca Bezzone(2024). Leonardo da Vinci: The culinary genius. Life in Italy. https://lifeinitaly.com/leonardo-culinary-genius/

Jon Bauckham(2021). 10 of Leonardo da Vinci's most important inventions. HISTORYHIT. https://www.historyhit.com/leonardo-da-vincis-most-important-inventions/

Leonardo Bianchi. Codex Atlanticus. Leonardo da Vinci's inventions. https://www.leonardodavincisinventions.com/codex-atlanticus/

United States Copyright(2023.2.21). Zarya of the dawn (Registration # VAu001480196). https://copyright.gov/docs/zarya-of-the-dawn.pdf

03
대학과 AI 알고리즘

AI로 인한 사회의 변화는 대학 교육에 어떤 변화를 요구하는가? 대학의 모든 전공과 학과에서 AI 알고리즘을 배워야 하는 이유는 바로 사회의 변화에 기인한다. 사회가 변화하고 있는 것을 체감하지 못하는 대학은 사회에서 요구하는 인재를 양성하기 어렵기 때문이다. 사회와 직업에서 AI 알고리즘은 어떤 역할을 하고 있으며, 대학은 어떤 준비를 하고 있는지에 대해 알아본다.

AI와 난임 극복?

대학에서 AI 알고리즘은 스마트 캠퍼스를 이루는 데 기여하고 있다. 캠퍼스 주변의 다양한 센서에서 데이터를 수집하고 빅 데이터를 실시간으로 처리해 캠퍼스 내 다양한 방문자, 사물, 프로세스 및 이벤트에 대해 의미 있고 유용한 결론을 도출하고 적절한 반응을 보이는 '스마트' 기능이다. 스마트 기능은 수집한 데이터를 기반으로 예측, 감지 및 추론을 통해 안전한 캠퍼스 구성에 기여한다. 특히 장애 대학생을 포함한 대학의 주요 이해관계자에게 도움이 되는 상용 얼굴 인식 시스템을 통한 식별, 분석 및 테스트 등도 제공한다.

외적인 변화에 대한 대응 이외에 학생 개개인의 필요에 따라서도 AI 알고리즘은 기능한다. 즉, 학생 개개인이 AI 알고리즘을 배워야 할 이유가 충분하며, 학생의 필요를 고려해 대학에서는 AI 알고리즘을 가르치고 있다.

AI 알고리즘을 가르치고 배우는 이유

대학에서 AI 알고리즘을 가르치고 배우는 이유는 여러 측면에서 생각할 수 있다. 세상의 모든 변화가 AI 기술로 인한 것이라 해도 과언이 아니기 때문이다. 대학의 많은 학과에서는 사회의 변화에 적합한 인재를 양성하기 위해 다양한 도전에 직면하고 있다. 미래가 아닌 현재의 시점에서도 산업 전반에 걸쳐 직업 시장은 AI 기술로 인해 변화하고 있기 때문이다. 금융, 제조업, 물류에서 소매에 이르기까지, 다양한 분야에서 AI 기술이 도입되고 있으며, 이에 대한 지식과 기술을 갖춘 인재를 필요로 한다. AI 기술이 발전하면서 반복적이거나 규칙에 기반한 작업을 하는 직업들은 AI에 의해 자동화하고 있으며, 90% 이상 대체될 것이라는 사실이 더 이상 새롭지 않다. 제조업에서 단순 조립 작업이나 품질 검사와 같은 공정은 이미 AI와 로봇으로 대체되고 있기 때문이다.

AI가 필요한 산업 분야는 매우 다양하고 광범위하다. 많은 산업 분야에서 AI를 적용하려는 움직임이 있지만, 특히 의료, 금융, 교육 등의 분야에서 AI 알고리즘의 역할은 무시하기 어렵다. 의료 분야의 경우, 의사는 여전히 진료와 수술을 하지만, AI는 의료 이미지를 분석하거나 환자의 데이터를 통해 진단을 도와주는 방식으로 의사의 결정을 지원한다. 특히 진단, 신약 개발, 의료 영상 분석 등에서 AI가 큰 도움을 주고 있다. 예를 들어, AI는 의료 이미지를 분석해 암을 조기에 발견하거나, 환자의 건강 데이터를 분석해 맞춤형 치료 방법을 추천하는 데 사용되고 있으며, 앞으로도 계속해서 사용될 것이다.

의과 대학에서는 데이터 과학이나 AI에 대해 단순히

기술을 이해하는 것을 넘어 의료 현장에서 기술을 효과적으로 활용하고 윤리적, 사회적 책임감을 갖출 수 있는 교육을 진행해야 한다. 의사와 AI의 협업 모델이나 정밀 의학과의 연계, 진단과 치료에 활용하기 위한 기초적인 지식을 갖추도록 해야 한다. 의료 데이터 관리 차원에서는 HIPAA, GDPR 등에 대한 이해가 필요하다. HIPAA(Health Insurance Portability and Accountability Act)는 미국에서 1996년에 제정된 건강 보험 이동성 및 책임법으로, 의료 정보의 보호와 환자 데이터의 기밀성을 강화하고 환자의 권리를 강화하기 위해 만들어진 법이다. HIPAA는 적용 범위가 미국으로 한정되어 있으나, 건강 관련 데이터를 보호한다는 점, 의료 정보의 기밀성과 보안을 중요시하고 있다는 점에서 미래의 의사들이 해당 법률을 이해하고 있어야 한다. GDPR(General Data Protection Regulation)은 일반 데이터 보호 규정으로, 유럽 연합(EU)에서 2018년에 시행된 개인 정보 보호와 데이터 권리에 관한 포괄적인 법률이지만, 개인 정보 보호 관점에서 이해할 필요가 있다.

제조업의 관점에서는 자동화된 생산 라인에서의 역할뿐 아니라 생산 공정에서 발생하는 데이터를 실시간으로 분석해 품질 관리를 자동화하거나, 장비 고장을 사전에 예측해 유지 보수 비용을 줄이는 데 기여한다.

사회 과학의 관점에서 경영, 경제, 무역학과 등에서는 데이터 처리 직종인 회계, 금융 분석, 고객 서비스 등에서 AI의 활용에 대한 이해가 필요하다. 금융 산업에서는 AI를 통해 사기 탐지, 리스크 분석, 맞춤형 금융 상품 추천 등이 가능하다. AI는 수많은 금융 거래 데이터를 빠르게 분석해 잠재적인 사기 패턴을 찾아내거나, 투자 포트폴리오를 관리하는 데 활용된다. 다양한 금융 데이터 분석을 통한 유망 회사를 추천하거나 직접 펀드를 운용해서 수익을 내는 AI 어드바이저는 모든 증권사에서 제공하는 서비스가 되었다. 산업 현장에 대한 능력을 강화하기 위해 AI의 활용을 이해하고 있어야 하는 이유다.

인문학과의 경우, 인문학점 관점에서 AI가 사회, 문화, 철학에 미치는 영향을 탐구하고, AI를 활용한 역사적 텍스트 분석이나 문서의 디지털화, 언어학 연구에서의 필요성 등 미래 사회에 대한 이해가 수반되어야 한다.

자연 과학에서는 AI를 통해 복잡한 데이터(유전체학, 생물학, 바이오 분야의 데이터) 등을 처리하기 위한 빅데이터 분석, AI를 활용한 새로운 물질의 발견 등의 가능성을 가르치고 배워야 한다. 기후 변화 모델링이나 생태계 보호를 위한 예측 분석은 환경 과학도들이 습득하고 있어야 할 역량이기도 하다.

교육과 관련한 학과들에서는 학습 데이터 분석이나 학습자 맞춤형 콘텐츠 제공 등을 위한 AI 활용의 맞춤형 교육 방식을 습득시켜야 한다. 학습 분석에 기반한 평가와 피드백의 자동화는 AI 튜터 도입이나 인간 교사의 역할 변화를 이해하는 데도 도움이 된다.

전혀 관련이 없을 것으로 생각되는 법학의 분야에서도 AI 기반 법률 분석, AI의 법적 지위, 책임이나 데이터 윤리, AI와 사이버 보안 등은 변화하는 미래 사회를 대비하는 데 도움을 줄 수 있다. AI 알고리즘을 이해하는 것은 단순히 기술을 배우는 것이 아니며, 학문적 깊이와 실질적인 응용력을 강화할 수 있기 때문에 급변하는 세상에서 학문과 사회적 역할을 재정의할 필요가 있다.

AI로 인해 사람의 일자리가 줄어들 가능성이 있지만, 그와 동시에 AI를 관리하거나 개발하는 기술적 역할이 증가하고 있기에 AI 알고리즘에 대한 이해가 높은 사람이 필요한 시대가 되었다. 사회 진출의 마지노선인 대학에서는 이상에서 제시한 다양한 분야로 진출을 준비하는 학생을 위한 교육이 필요한 상태다. 대학 교육을 통해 학생들이 AI 기술을 이해하고 응용할 수 있도록 돕는 것은 그들의 미래 취업 가능성을 높이는 데 중요한 역할을 할 것이기 때문이다.

AI 알고리즘 교육의 방향

대학의 모든 학과와 전공에서 AI 알고리즘 교육이 필요한 것은 사회 현상 반영과 미래를 위한 학문적 혁신, 연구의 발전을 위해서다. AI 알고리즘은 여전히 발전 중인 분야로, 새로운 이론과 기술이 지속적으로 개발되고 있다. 대학에서 AI를 가르치면 학생들이 이 분야에서 연구를 수행하고 혁신적인 기여를 할 수 있는 기회를 제공할 수 있으며, AI 분야 또한 더욱 빠르게 발전할 수 있을 것이다.

다양한 분야에서의 AI 알고리즘에 대한 교육은 융합학문으로서 AI의 중요성을 반영한다. AI는 단순히 컴퓨터 과학이나 소프트웨어 개발에 국한된 것이 아니라, 생물학, 물리학, 경제학 등 다양한 학문과의 융합을 통해 새로운 가능성을 열어 가고 있다. AI 알고리즘에 대한 교육은 학생들이 이러한 융합적 사고를 배우고 다양한 문제를 해결할 수 있는 역량을 갖출 수 있게 하고, 역량을 향상하는 도구를 제공받을 수 있도록 하는 데 기여할 것이다.

시대를 이해하고, 선도하기 위해 대학은 AI 기술을 이해하고 AI와의 융합은 물론 AI 알고리즘의 활용과 관련한 윤리적, 사회적 문제를 다룰 수 있도록 준비시키는 것이 핵심이다. 단순히 코딩이나 기술만을 가르치는 것이 아니라, AI를 통합적으로 이해하고 활용할 수 있는 능력 향상에 집중할 필요가 있다. 이를 위해 대학에서 집중해야 할 AI 알고리즘 교육 방향을 고려하면 다음과 같다.

첫째, AI 기본 개념과 기술 교육의 방향이다. AI 시대라 일컫는 현재를 지나 미래를 살아가려면 기본적인 AI 기술을 이해하고 활용할 수 있어야 한다. 활용이라고 해서 단순 도구 사용만을 의미하는 것이 아니라 기초적인 원리와 개념에 대한 이해를 바탕으로 자신의 분야에 적용할 수 있는 활용을 의미한다. 이를 위해 모든 전공 학생들이 AI와 관련한 기초 교육을 통해 소양을 습득하는 것이 중요하다. 즉, AI 기초 소양 과정으로 머신 러닝, 딥러닝, 데이터 분석 등의 기본 개념을 이해하는 과정이 필요하다. 특히 비전공자들도 쉽게 접근할 수 있도록, 실생활 예시를 활용한 교육의 관점을 지향해야 한다.

프로그래밍 교육에서는 프로그래밍에 대한 소양 함양을 통해 AI 모델을 실습해 볼 수 있도록 프로그래밍 언어(Python, R 등)를 가르치고, 간단한 AI 알고리즘을 직접 구현해 보는 경험을 제공할 필요가 있다. 직접적 경험은

AI 알고리즘의 활용 방향을 설정하는 데도 도움이 될 수 있다.

둘째, 데이터 분석 및 활용 능력을 강화하는 것이다. AI는 결국 데이터를 기반으로 움직이는 기술이라 해도 과언이 아니다. 데이터에 대해 이해하고 분석할 수 있는 능력은 AI 알고리즘을 이해하고 활용하는 데에 필수적인 지식이다. 모든 전공 분야에는 전공 특유의 데이터 속성이 존재하며, 분석에 대한 기술도 다양하다. 따라서 데이터의 수집 방법 및 데이터가 있는 장소를 기반으로 수집하고 전처리하며, 분석하고, 활용할 수 있는지에 대한 교육은 중요한 절차다.

데이터 과학의 경우, 통계를 기반으로 한 처리 방법이나 기술, 데이터 시각화, 빅 데이터 처리 기술 등을 포함할 필요가 있다. 데이터 과학을 통해 학생들이 진출하는 모든 분야에서 데이터 기반 의사 결정을 내리는 방법, 데이터 기반 의사 결정을 위해 준비해야 할 사항을 교육하고 학생들이 배울 수 있도록 해야 한다. 데이터 과학이나 통계, 분석 등의 내용에는 학생의 직접적인 경험이 무엇보다 중요하다. 이론을 아는 것과 실제로 적용하는 것의 차이가 있는 만큼 직접적인 경험을 통해 데이터를 다룰 수 있도록 하고, 데이터를 분석하는 알고리즘 등에 대한 이해를 갖출 수 있도록 해야 한다. 실생활 문제를 해결하는 프로젝트를 통해 학생들이 데이터를 직접 다루고, AI를 활용해 문제를 해결하는 경험을 제공하는 것이 효과적이다.

셋째, 다양한 분야와의 융합 관점에서 접근할 필요가 있다. AI나 데이터 과학을 모든 전공이나 분야의 학생이 배워야 하는 이유는 AI 알고리즘이나 데이터 과학이 단독으로 작동하기보다는 다양한 분야와 융합해 더 큰 가치를 창출하기 때문이다. 따라서 각 전공 분야에 맞춘 AI 알고리즘에 대한 이해와 활용법을 배우는 융합 교육적 접근이 필요하다. 예를 들어 경영학과 학생들은 AI를 통해 비즈니스 모델을 어떻게 혁신할 수 있을지, 데이터 분석을 통해 경영 전략을 어떻게 개선할 수 있을지를 배울 수 있다. 의대 학생들은 AI를 활용한 의료 영상 분석, 맞춤형 치료 등의 기술을 배우면서 의료 현장에서 AI가 어떻게 사용될 수 있는지 이해할 수 있을 것이다. 디자인 전공자들은 AI를 통해 창의적인 작업을 지원하는 도구를 학습할 수 있으며, 새로운 디자인 방법론을 개발할 수 있는 능력을 갖출 수 있다.

넷째, AI 윤리 및 사회적 영향에 대한 교육 관점이다. AI 기술의 발전은 사회적 발전에 기여하고 있으나 이로 인한 부가적인 문제도 발생하고 있다. AI 알고리즘에 대한 부족한 이해와 무분별한 사용이 초래할 수 있는 편향, 프라이버시 침해, 일자리 감소 등의 문제를 다루고, 문제를 해결하는 방법에 대해 논의하는 것은 AI 알고리즘을 이해하는 것만큼이나 중요하다. 의도하지 않은 AI 알고리즘의 편향성 문제, 개인 정보 보호, AI의 사회적 책임 등과 같은 주제는 일반적인 윤리와는 다른 관점에서 고려되어야 한다. 사회적 선에 대한 관점이 아닌 기술에 대한 이해를 기반으로 하는 윤리 의식, 기술에 대한 몰이해가 가져올 윤리적 관점에 대한 것이다. 일반적인 윤리와 AI 윤리의 다른 점에 대한 명확한 인식이 기술의 사회적 영향을 고려하고 책임감을 갖는 AI 설계와 사용을 가능하게 할 것이다.

대학 교육을 통해 학생들이 AI의 윤리적 측면을 배우고, 기술의 긍정적인 활용과 책임감을 동시에 기를 수 있도록 돕는 것이 필요하다. AI 알고리즘을 대학에서 가르치는 것은 시대적 요구에 부응하며, 학생들이 다양한 분야에서 경쟁력 있는 인재로 성장하는 데 필수적인 교육과정이라 할 수 있다.

AI 알고리즘과 우분투(Ubuntu) 정신

모든 컴퓨터에는 운영 체제(Operating System, OS)가 있다. 전체 컴퓨터의 약 74%에는 마이크로소프트(MS) 사의 운영 체제 제품인 윈도우가 설치되어 있다. 애플사의 컴퓨터는 맥 오에스(Mac OS)라고 하는 자체 운영 체제를 갖고 있으며, 약 15%의 점유율을 갖는다. 운영 체제는 중앙 처리 장치(CPU, central processing unit, central/main processor) 메모리, 스토리지처럼 시스템의 하드웨어와 리소스를 직접 관리하는 소프트웨어다. 중앙 처리 장치는 컴퓨터 시스템 전반을 통제하고 프로그램을 실행 처리하는 작업을 관할한다.

운영 체제는 애플리케이션과 하드웨어 사이에서 모든 소프트웨어와 작업을 수행하는 물리적 리소스를 연결하기 때문에 컴퓨터 내부의 지도자라고 할 수 있다. 전체 시장 대부분을 차지하는 마이크로소프트 윈도우와 애플사의 맥 오에스를 제외하고 소프트웨어 개발자들 사이에서 사용되는 것이 리눅스 기반의 운영 체제인 우분투다. 우분투는 컴퓨터와 관련한 작업을 보다 간편하게 수행할 수 있도록 도와주는 소프트웨어다. 우분투는 남아프리카 반투어로 '네가 있으니 내가 있다'라는 윤리 사상을 일컫는 말로 공동체 정신, 인류애를 뜻하는 단어다.

대학의 AI 알고리즘 교육에서 중요한 것은 단순한 알고리즘 교육이 아니라 협력하는 정신을 함께 가르쳐야 한다는 것이다. AI 시스템은 여러 팀의 협력으로 만들어지며, 개발자들 간의 협력이 필수적이다. 데이터 과학자, 엔지니어, 도메인 전문가들이 각자의 지식과 능력을 결합해 AI 솔루션이 개발되기 때문이다. 개발의 과정에는 우분투가 강조하는 공동체의 가치가 반영되어 있다. 구성원 각각의 능력도 중요하지만 협업을 통해 더 큰 성공이 가능한 경우가 있다. 개인화와는 반대로 협력이 AI 개발의 성공을 견인하기 때문에 협력의 우분투와 공유, 공개를 핵심으로 하는 오픈 소스에 대한 관점이 중요하게 고려되고 있다.

AI 알고리즘은 종종 오픈 소스로 개발되며, 수많은 사람들이 함께 협력해 문제를 해결하고 발전시키는 과정을 통해 가능해진다. 우분투 철학이 상호 의존과 협력을 강조하는 것처럼, 오픈 소스 AI 개발 커뮤니티는 누구나 지식을 공유하고, 그것을 기반으로 더 나은 성과를 이루는 것을 장려하고 있다.

2025년 1월 20일 공개되어 AI의 혁신이라고 하는 중국의 AI 검색 엔진 딥시크 알원(DeepSeek R1)도 오픈 소스 모델로 공개되었다. 딥시크는 2023년 중국에서 설립된 오픈 소스 대규모 언어 모델을 개발하는 인공지능 연구 기업이자 회사의 제품명이다. 1990년대에 등장한 오픈 소스라는 용어는 자유 소프트웨어(Free software)에서 유래했다. 자유 소프트웨어와 오픈 소스 소프트웨어는 프로그램을 만드는 소스 코드 공개와 공유의 가치라는 측면에서 유사하다. 오픈 소스는 소스 코드가 공개된 소프트웨어이기 때문이다. 그러나 모두 무료는 아니며, 자유롭게 사용할 수 있다는 의미도 아니다. 일부는 특정한 제약 없이 사용 가능한 소프트웨어도 있으나, 사용과 공유, 소스 공개에 따른 규칙이 있으므로 공적인 규칙을 고려해서 사용해야 한다.

우분투 정신은 협업과 공동체 의식의 강조, 공개를 통한 공유의 정신을 강조한다. 현재 대학에서 진행하는 AI 알고리즘 교육은 공유, 공개, 협력을 강조하며, 깃허브(GitHub)를 사용해 소프트웨어 개발 교육을 진행하고 있으며, 이는 우분투 정신과 밀접한 관련이 있다. 깃허브는 전 세계 개발자들이 협력하고 코드를 공유하며 함께 더 나은 소프트웨어를 만드는 플랫폼이다. 깃허브를 통해 협업을 효과적으로 할 수 있는 방법을 배우는 과정은 우분투 정신의 핵심 가치를 실현하는 것과 연결된다. 깃허브는 협업을 가능하게 해 주는 플랫폼으로, 전 세계 개발자들이 한곳에 모여 각자의 역량을 발휘하며 프로젝트를 함께 만들어 나간다. 깃허브에서의 협업 과정은 코드만 관리하는 것이 아니라, 서로의 작업을 검토하고 피드백을 제공하며 더 나은 결과물을 향해 나아가는 과정이다.

개발자들이 각자 작업한 코드를 병합할 때 풀 리퀘스트(Pull Request, PR)를 사용한다. 깃허브에서 PR은 새로운 코드를 변경해, 원본 소스 코드에 병합하고자 제안하는 것을 의미한다. 즉, 개발자가 마음대로 새로운 소스 코드를 병합하기보다는 병합 전에 먼저 "이 코드 병합해도 돼요?" 하면서 병합하고자 하는 자신의 소스 코드를 설명과 함께 보내 준다. 그러면 다른 개발자들이 검토하고 피드백을 주며 함께 문제를 해결해 가는 과정을 거치며, 다른 개발자들의 동의하에 새로운 소스코드가 병합된다.

오픈 소스 프로젝트는 다양한 개발자들이 자발적으로 기여하는 공동체의 협력 결과물이라고 할 수 있다. 깃허브는 이를 위해 협력할 수 있는 도구를 제공하고, 전 세계 개발자들이 공동의 목표를 가지고 함께 프로젝트를 발전시켜 가고 있다. 즉, 지식을 닫아 두지 않고, 열어 두며, 다른 사람과의 공유를 당연하게 받아들인다.

깃허브는 코드뿐만 아니라 문서화에도 중요한 역할을 한다. 이를 통해 새로운 개발자들이 프로젝트에 쉽게 참여할 수 있도록 돕고, 학습과 협력의 문턱을 낮춘다. "우리가 함께 성장한다"는 우분투 정신의 실현이라 할 수 있다. 참고로 깃허브는 소프트웨어 개발자들이 코드를 저장하고, 관리하며, 협업할 수 있는 온라인 플랫폼이다. 주로 버전 관리 시스템인 깃(Git)을 기반으로 동작하며, 개발자들이 함께 작업하면서 코드의 변경 사항을 추적하고, 여러 사람이 동시에 협력하는 데 필요한 도구를 제공한다.

깃허브는 단순한 코드 저장소 역할을 넘어서, 협업과 오픈 소스 개발을 장려하는 플랫폼으로 발전하고 있다. 깃은 개발자가 작성한 코드를 효율적으로 관리할 수 있게 해 주는 도구로, 버전 관리와 분산된 협업을 가능하게 한다. 개발자들이 코드를 수정할 때마다 버전을 기록해 이전 버전으로 되돌아갈 수 있다. 코드가 잘못되었을 때 [Ctrl+Z]를 사용해서 이전 단계로 되돌리는 기능을 갖기 때문에 이전 시점으로 쉽게 복구할 수 있게 해 준다. 즉, 오류가 발생한 바로 이전까지 이동해서 수정할 수 있도록 하는 소스 코드 버전 관리 시스템이 바로 깃이다. 깃은 소스 코드 버전 사이를 오가는 시간 여행을 가능하게 한다. 그리고 여러 사람이 동시에 코드의 다른 부분을 수정할 수 있다. 각자 작업한 내용을 통합(merge)하는 기능이 있어 협업이 용이하다. 즉, 클라우드 방식으로 언제 어디서든 버전 관리가 가능하기 때문에 전 세계의 수많은 개발자가 깃을 통해 협업할 수 있도록 하고 있다.

깃을 통해 관리되는 프로젝트를 모아 둘 수 있는 깃 호스팅 사이트 중 대표적인 것이 바로 깃허브다. 깃허브에서 프로젝트는 저장소(Repository, 줄여서 repo)라는 단위로 관리된다. 저장소는 프로젝트의 모든 코드와 관련 파일을 저장하고 있다. 개발자는 이 저장소에 접근해 코드를 읽고, 수정하고, 공유할 수 있다.

저장소는 접근 가능성에 따라 누구나 접근해서 보고 기여할 수 있는 오픈 소스 프로젝트를 관리하는 공개 저장소(Public repo)와 제한된 사람들만 접근할 수 있는 개인 또는 팀 프로젝트를 관리하는 비공개 저장소(Private repo)로 구분된다.

깃허브에서는 이슈(Issues)라는 기능을 통해 프로젝트에서 발생한 문제나 개선할 사항을 추적할 수 있다. 개발자들이 이슈를 생성하면, 이를 해결하기 위한 논의가 이루어지며, 각 이슈는 해결되면 닫을 수 있다. 대학 교육 관점에서 이슈 관리는 협업해서 문제를 해결할 수 있으므로 협업 프로젝트에서 매우 중요한 역할을 한다. 산학이 함께할 수 있는 버그나 기능 요청 같은 것들이 이슈로 등록되며, 이를 통해 프로젝트를 체계적으로 관리할 수 있기 때문이다.

깃으로 관리하는 프로젝트를 올릴 수 있는 사이트는 깃허브만 있는 것이 아니며, 깃버킷(BitBucket), 깃랩(GitLab) 등이 있다. 현재 대학에서 가장 많이 활용하는 것은 깃허브이며, 깃허브를 통해 협업하고 공동 프로젝트를 수행한 경험이 있는 학생들은 사회 진출 이후에도 협업과 공유를 당연하게 받아들일 수 있기 때문에 사회적 책임과 기여 의식을 함께 함양하는 데 기여하고 있다.

04
AI와 수업의 변화

대학과 AI 알고리즘에 대한 생각은 대학에서 AI 알고리즘을 가르치는 것의 의미로 한정되지 않는다. 현재 AI 기술을 가능하게 한 알고리즘으로 대학의 수업을 어떻게 바꿀 수 있을까? AI 알고리즘을 사용한 도구는 대학의 강의를 어떻게 개선할 수 있을까? AI로 수업 자료를 효율적으로 관리할 수 있을까? AI는 교육을 어떻게 변화시킬 수 있으며, 변화시켜 가고 있는지에 대해 알아본다.

AI와 사주?

AI로 인한 고민이 두드러지는 과목은 SW, 프로그래밍과 관련한 것들이다. 프로그래밍하는 생성형 AI로 인해 학생의 실력인지, 생성형 AI의 실력인지 확인하기 어려운 상황이 되었다. 최근에는 일반 리포트에서도 생성형 AI가 활약하고 있다. 생성형 AI를 수업에 받아들여야 할 것인지, 거부할 것인지에 대한 논의가 지속되고 있다. 그러나 분명한 것은 AI 기술 기반의 도구는 다양한 전공과 학문 분야에서 거부가 아닌 기술에 대한 이해를 기반으로 한 수용을 통해 해당 학문 분야의 전문성을 높여 나가는 데 기여할 수 있도록 해야 한다는 점이다.

수업 전반에서 AI 도구의 활약

수업에서 AI 도구를 활용해 대학 강의를 개선할 수 있을까? 세계적인 추이의 관점에서 오래전부터 대학의 비효율을 개선하는 데 효과적일 것으로 고려된 몇 가지의 사례를 만날 수 있다.

수업 시작에 많은 대학이 여전히 사용하고 있는 수기 출석 체크의 과정은 비효율적이다. AI 기반 얼굴 인식 시스템을 사용하면 강의실에 들어오는 학생들을 자동으로 체크할 수 있다. 출석을 따로 부르거나 앱으로 수동 입력할 필요 없이, 출입문 앞에서 간단히 확인할 수 있어 시간을 절약할 수 있다. 대표적인 예시로, 어텐페이스(AttenFace)라는 시스템이 있다. 학생의 얼굴을 인식해 실시간으로 출석을 기록하는 방식으로, 강의 중 여러 장의 스냅숏을 통해 학생이 일정 시간 동안 자리를 지키고 있는지 확인해 출석을 인정한다. 강의 중간에 학생이 잠시 나가더라도 출석을 유지할 수 있는 유연성을 제공하면서, 교수에게 출석 확인의 부담을 덜어 주고 있다. 또한 무들(Moodle) 같은 학습 관리 시스템과 결합해 출석 데이터를 관리하는 것이 가능하다. 자동화한 출석 관리는 학생에게도 교수자에게도 편리한 시스템임에 틀림없다.

수업이 진행되고 있는 도중에 사용할 수 있는 도구로는 학생 참여 증진을 위한 AI 기반 퀴즈의 활용이 있다. 카훗(Kahoot)이나 퀴즐렛(Quizlet) 같은 플랫폼은 AI를 이용해 학생들의 학습 패턴을 분석하고 맞춤형 퀴즈를 생성해 준다. 학생이 어려워하는 부분을 파악하고, 해당 내용을 기반으로 추가 퀴즈나 복습 자료를 제공할 수 있다. 이런 퀴즈들은 수업 중간에 활력소로 작용할 수 있으며, 학생들의 집중력을 높이는 데도 효과적이다. 특히 학생의 참여도 점수에도 활용할 수 있다는 장점이 있다.

수업이 온라인으로 진행되었거나, 병가로 인한 학생

을 위해 줌(Zoom)이나 MS 팀(Teams) 같은 도구로 강의를 녹화하고, AI를 활용하면 녹화한 강의에서 중요한 부분을 요약해 제공할 수 있다. 오터AI(Otter.ai) 같은 툴은 수업 내용을 자동으로 텍스트로 변환하고, 핵심 내용을 하이라이트해 학생들이 복습할 때 시간을 절약할 수 있도록 돕는다. 또한 챗봇을 통해 질문에 대한 자동 응답 기능을 추가할 수도 있다.

수업의 마지막 과정에서 대학의 경우, 에세이 형식의 서술형 과제나 프로젝트를 사용하고 있으나, 평가자의 관점에서는 많은 시간을 투자해야 하는 어려운 작업이다. 그래머리(Grammarly) 같은 AI 도구는 문법 및 구조에 대한 피드백을 제공하고, 턴잇인(Turnitin)은 표절 검사를 자동으로 해 준다. 턴잇인을 활용해 표절 검사를 할 것이라는 안내는 학생 스스로 과제를 위해 시간을 투자해야 함을 암묵적으로 표시하게 된다. 지피티(GPT) 같은 자연어 처리 AI는 학생의 에세이에 대한 피드백을 더 빨리 제공할 수 있도록 돕는다. 물론, 다양한 도구들이 교수의 최종 평가를 대체할 수는 없지만, 초기에 기본적인 피드백을 제공해 줄 수 있어 교수자의 부담을 덜 수 있다.

평가를 수업뿐 아니라 학생의 성과 예측에 효과적으

로 활용할 수도 있다. AI와 데이터 과학을 적절히 활용해 학생들의 성적, 출석률, 과제 제출 기록 등을 분석하고 학업 성취도를 예측할 수 있다. 예를 들어, 특정 학생이 중간고사에서 낮은 성적을 받았더라도 출석률과 과제 제출 이력을 분석해 추가 학습 지원이 필요한지 예측할 수 있다. 이런 분석을 통해 교수는 미리 개입해 적절한 학습 지원을 제공할 수 있다.

이와 같이 AI 도구들은 이미 많은 대학에서 실질적으로 사용되고 있으며, 교수와 학생 모두에게 시간 절약과 더 나은 학습 경험을 제공하는 데 도움이 되고 있다.

수업에서 AI를 활용한다는 것

AI 기술의 발전에도 불구하고, 교육 분야에서의 활용은 부각되지 않는다. 특히 수업에 AI를 활용함으로써 수업 전반의 개선이 가능함에도 불구하고 해당 내용에 대한 안내는 미흡한 편이다. 다음은 AI 기술을 활용해 다양한 학문 분야에서 수업을 개선했거나, 개선하고 있는 사례들이다.

의료 수업에서 AI는 의료 영상 분석에 활용되고 있다. 학생들이 엠알아이(MRI), 시티(CT) 스캔과 같은 의료 이미지를 분석할 때, AI는 중요한 병변을 빠르게 감지하고 설명하는 역할을 한다. 학생들은 책을 통한 사례와 더불어 더욱 효과적으로 병리학적 구조를 학습할 수 있다. AI 도구인 에이독(Aidoc)은 이런 역할을 수행하는 대표적인 사례다. AI는 가상 환자 시뮬레이션에 사용되어 학생들이 가상 환경에서 진단을 연습할 수 있게 해 준다. 시뮬레이티드 페이션트(Simulated Patient) 프로그램은 AI가 가상의 환자로서 증상을 나타내고, 학생들이 진단하는 과정을 돕는다. 1970년대에 존스홉킨스대학에서 학생들의 의학에 대한 문제 해결 능력 향상을 위해 도입한 문제 기반 학습과 같이 다양한 경험을 제공할 수 있다는 것이 강점이다.

법학 수업에서는 AI가 법률 문서 분석에서 도움을 주고 있다. 최초의 인공지능 변호사라 불리는 로스의 명칭을 사용한 로스 인텔리전스(ROSS Intelligence) 같은 AI는 수천 건의 판례를 신속하게 검색하고, 관련 법적 근거를 추출해 준다. 학생들이 판례 연구를 더 빠르고 효율적으로 수행할 수 있도록 돕는다. 복잡한 법적 용어와 판결의 의미를 쉽게 풀어 주는 역할을 제공해 교수자를 돕는 기능도 하고 있다.

공학 분야에서는 AI 기반 설계 도구를 활용한다. AI를 활용해 캐드(CAD, Computer-Aided Design) 설계를 자동화한 것이다. AI는 설계 데이터를 분석하고 최적화한 설계 방안을 제시해 주는데, 학생들이 이를 활용해 실제 설계 과정을 더욱 효과적으로 학습할 수 있다. 예를 들어, 오토데스크 퓨전(Autodesk Fusion 360)은 AI 기반의 설계 최적화 기능을 제공해 학생들이 복잡한 설계 작업을 보다 쉽게 할 수 있도록 돕고 있다

경영학 분야에서도 예외는 아니다. 경영학 수업에서는 AI가 빅 데이터 분석과 경영 의사 결정 지원에 활용된다. 아이비엠(IBM)의 왓슨 애널리틱스(Watson Analytics) 같은 AI 도구는 방대한 양의 데이터를 빠르게 처리하고, 학생들에게 시장 동향이나 기업 성과 분석 방법을 실습할 수 있게 한다. 학생들은 이 도구를 통해 실제 데이터를 기반으로 한 실습을 진행하며, 다양한 경영 상황에서 의사 결정 방안을 학습할 수 있다. 데이터 과학과 연계될 경우, 학생의 역량은 한층 더 상승하게 된다.

언어학에서는 AI를 활용한 자연어 처리(NLP)가 많이 사용된다. 구글 번역(Google Translate)이나 딥플(DeepL) 같은 번역 AI는 실시간 번역을 통해 언어 구조와 의미 분석을 돕는다. 그래머리(Grammarly) 같은 AI 도구는 학생들이 작성한 텍스트에서 문법적 오류를 감지하고 수정 제안을 제공해 문법적 정확성을 높이는 데

기여한다. 최근에는 언어학을 전공하는 학생들이 자연어 처리에 대한 능력을 함양하고, 직접 언어를 처리하기 위한 전문성을 기르는 데도 기여하고 있다.

창작이나 창의성은 더 이상 인간만의 전유물이 아니다. AI 기반 예술 창작 도구는 예술 및 디자인 분야에서 인간의 창작 능력을 향상하는 데 기여하고 있다. 런웨이 엠엘(Runway ML) 같은 도구는 학생들이 AI를 활용해 창작물을 생성하거나 디자인에 새로운 요소를 적용할 수 있게 한다. 런웨이 엠엘은 크리에이티브 도구로서, 예술가, 디자이너, 개발자, 연구자 등 다양한 사용자들이 쉽게 기계 학습(Machine learning) 모델을 사용할 수 있도록 돕는 플랫폼이다. 특히 비전문가도 복잡한 기계 학습 알고리즘을 이해하거나 직접 코딩할 필요 없이 간단하게 AI 모델을 활용할 수 있도록 설계되어 있다. 기계 학습 모델을 사용하는 과정을 직관적으로 만들기 위해 그래픽 기반 인터페이스(GUI)를 제공하며, 이미지, 비디오, 오디오 등의 다양한 미디어 작업에 사용할 수 있는 모델들이 있다. 비디오 편집이나 이미지 생성 같은 비주얼 작업(비주얼 크리에이티브 작업 지원)에 특화되어 있으며, 최근에는 텍스트 기반 비디오 생성 같은 기능도 추가되었다. 클라우드 기반으로 여러 사용자들이 실시간으로 협업할 수 있기 때문에 자신이 보유한 컴퓨터의 성능에 구애받지 않고 사용할 수 있다. 런웨이 엠엘에서는 미리 학습된 이미지나 패턴을 기반으로 AI가 새로운 디자인 아이디어를 제안해, 예술적 작업을 확장하거나 자동화하는 데 유용하며, 학생들이 더 창의적인 작품을 만들 수 있도록 돕는다.

인문학이나 사범 대학에서는 기술 중심의 학문에 비해 AI 도입이 덜 활발하게 느껴질 수 있지만, 실제로는 교육 방식과 연구에서 AI의 도움을 받을 수 있는 부분이 많이 존재한다.

문학, 역사, 철학 등의 인문학 연구에서는 대규모 텍스트 분석에 AI를 활용할 수 있다. 예를 들어, 자연어 처리(NLP) 기술을 통해 고전 문학이나 철학 텍스트의 주제, 감정, 의미를 분석하는 프로젝트가 활발하게 진행 중이다. 보얀트 툴(Voyant Tools) 같은 AI 기반 도구는 문학 텍스트에서 자주 등장하는 단어 패턴을 분석하고, 텍스트의 주제나 흐름을 파악하는 데 유용하다. 학술적 연구에서뿐 아니라 학생들이 텍스트를 이해하는 데도 도움이 된다. AI는 고전 문헌의 번역을 도와줄 수 있다. 고대 그리스어나 라틴어 같은 언어로 된 문서를 AI 번역 도구를 통해 분석하고, 기본 번역을 통해 학생들이 텍스트에 더 쉽게 접근할 수 있게 한다. AI는 다른 시대나 지역에서 사용된 언어의 변화나 의미 차이를 분석하는 데도 유용하다.

사범 대학에서는 AI 기반의 학습 분석 도구를 사용해 학생들의 학습 패턴을 분석하고, 그에 맞춘 개별 학습 플랜을 제공할 수 있다. 드림박스(DreamBox)나 뉴턴(Knewton) 같은 플랫폼은 학생들의 학습 진행 상황을 실시간으로 모니터해 적절한 피드백을 제공한다. 예비 교사들은 이를 통해 학생의 학습 성과를 개선할 수 있는 방법을 학습할 수 있다.

예비 교사의 관점에서 AI 기반 가상 교실시뮬레이션은 실제 수업 상황을 경험할 수 있도록 한다. 티치라이브(TeachLivE)는 AI와 가상 현실(VR)을 결합해 가상의 학생들을 상대로 교사들이 수업을 진행하고 피드백을 받을 수 있는 시스템이다. 이를 통해 예비 교사들은 실습 경험을 쌓을 수 있으며, AI는 수업 진행 방식을 분석해 개선 방안을 제시해 준다.

AI는 학생들의 수업 참여도를 분석하고, 그 결과를 바탕으로 맞춤형 학습 자료나 피드백을 제공할 수 있다. 사범 대학에서 교육 방법을 연구하는 데 매우 유용한 도구로 활용할 수 있는 클래스크래프트(Classcraft)와 같은

AI 기반 시스템은 학생들의 참여도를 추적하고 동기 부여 요소를 추가해 수업 중 학습 집중도를 높이는 데 도움을 준다.

AI는 언어 학습의 관점에서도 효과적으로 사용될 수 있다. 듀오링고(Duolingo)나 바벨(Babbel)과 같은 언어 학습 플랫폼은 AI를 사용해 학습자의 수준을 분석하고, 개인화된 학습 계획을 제공한다. 학생들이 반복적으로 어려워하는 부분에 집중해 맞춤형 피드백을 주거나 추가 학습 자료를 제공하는 방식으로 학습 성과를 향상하는 데 기여한다. 교사가 갖추어야 할 소양의 관점에서 다양한 AI 기술 기반의 도구는 교사의 소양과 함께 역량을 함양하는 데도 도움이 된다.

AI 디지털 교과서, 디지털 리터러시 교육 강화, 전 교과에서 디지털 소양 교육 실시 등 변화하는 초중등 교육에 발맞추어 예비 교사의 양성 과정에서도 선제적으로 AI 기반의 도구를 활용해 능력 향상과 함께 AI 친화적인 교사를 양성해 나가야 할 것이다.

참고문헌

Aggarwal, M., et al.(2024). Modernizing attendance tracking: An automated headcount system integrated with face detection.

In: Hassanien, A.E., et al.(eds), *Innovative computing and communications.* ICICC 2024. Lecture notes in networks and systems 1038. Springer, Singapore. https://doi.org/10.1007/978-981-97-4149-6_34

Ashwin Rao(2022). AttenFace: A real time attendance system using face recognition. Conference on information and communication technology.

Bakken, J. P., et al.(2020). Face recognition systems for smart universities. In: Uskov, V., et al.(eds), *Smart education and e-Learning 2020.* Smart innovation, systems and technologies 188. Springer, Singapore. https://doi.org/10.1007/978-981-15-5584-8_36

Comments: To be published in IEEE CICT 2022 Subjects: Computer vision and pattern recognition(cs.CV)

05
AI와 인문학의 융합

AI는 단순히 기술적인 측면뿐만 아니라, 사회적, 윤리적, 철학적, 문화적 요소와도 밀접하게 연관되어 있다. 사회를 살아가기 위해 그리고 AI를 더 잘 알기 위해 인문학적 소양, 인문학과의 융합은 중요한 의미가 있다. AI는 사회 발전의 많은 부분에 기여하고 있으나, 그에 못지않게 중요한 것이 인간에 대한 이해를 바탕으로, 인간의 발전에 기여하는 AI를 지향해야 하기 때문이다. AI와 인문학은 어떤 형태로의 공존을 고려해야 할 것인가?

AI와 아이돌?

교육에서의 AI

디지털 · AI로 인한 사회의 변화로 대학에서는 인문학의 위기라고 한다. 인문학의 정신이 사라졌다거나 인문학에 대한 가치가 낮게 평가되고 있다는 것이다. 인문학은 인간의 사상과 문화에 밀접한 관련이 있으며, 인간으로서의 가치나 인간만이 갖는 근원 문제, 문화, 자기표현 등과 같은 것을 이해하는 데 도움이 되는 종합적인 학문 분야다(Levi, 1970). 어느 특정 분야에 국한되지 않고, 종합적 관점에서 분석적이고 비판적인 사고나 정신을 단련하는 데 도움이 된다.

AI에 대해 아는 것, AI를 활용하는 것 등에서 인문학의 관점이 중요한 것은 모든 것의 중심이 인간이기 때문이다. AI를 지배한다거나 AI에 의해 지배되는 구조가 아닌 공존을 지향하고, 인간의 존엄성이 존중되는 사회에서 AI와 공존하기 위해 인문학의 역할을 고민해 보아야 한다.

AI와의 공존을 위해 교육에서 AI는 그리고 인문학은 어떤 형태로 융합할 수 있을까? 인간을 위한 AI라는 관점에서 인문학의 역할을 생각하기에 앞서 범용적인 교육에서 AI와 관련한 교육의 용어나 개념을 명확히 할 필요가 있다. 'AI 교육', '교육에서의 AI(AI in Education

:AIED)', 'AI 기반 교육(AI Based Education: AIBE)' 등 여러 용어의 혼재는 AI와 관련한 교육의 방향성뿐 아니라 교육의 내용에도 영향을 미치기 때문이다.

교육에서의 AI는 AI 자체를 배우는 AI 교육과 AI 기반 교육 혹은 교육의 도구로서 AI로 구분할 수 있다. AI 교육은 AI 분야에 대한 기초적인 개념이나 원리를 기반으로 한 AI에 대한 구체적인 내용을 배우는 것이다. 그리고 AI 기반 교육은 AI 기술을 활용해 다양한 분야나 학문을 습득하기 위한 지원, 평가, 분석 등을 진행해 교육 전반에서 학습자의 학습을 지원하도록 하는 것으로 AI 활용 교육과 유사한 용어다. 활용의 관점이 핵심이라 할 수 있다.

AI 융합 교육은 AI에 대한 기초 지식이나 개념, 원리에 대한 습득을 기반으로 여러 분야의 지식과 혼합해 기존에 생각하지 못했던 부분의 문제를 해결하거나, 해당 분야에 대한 관점을 새롭게 할 수 있도록 하는 것이다(김자미, 2023). 융합 교육은 SW나 AI에 대해 습득한 지식으로 다른 학문이나 분야의 문제를 해결해 가는 데 활용되거나, 타 학문을 습득한 이후에 SW나 AI와 관련 문제, 혹은 해당 학문 분야의 문제를 해결하는 데 도움을 주는 경우라고 할 수 있다(Holmes, et al., 2019; Baker, et al.,

2019). 전자는 SW · AI + X, 후자는 X + SW · AI를 의미한다.

인문학의 역할

AI 기술의 발전, AI 서비스로 인한 편리함 등은 모두 사람을 위한 것이며, 사람의 복지와 행복을 증진하는 방향으로 개발되고 있다. AI 기반의 서비스나 시스템을 개발할 때, 사용자의 감정 상태를 파악하고 적절히 대응할 수 있도록 하기 위해서는 인간의 감정과 의사소통 방식에 대한 깊은 이해가 수반되어야 한다. 그러나 빠르게 발전하고 있는 AI 기술이 항상 긍정적인 결과만을 가져오는 것은 아니다. 기술의 발전과 함께 발생하는 문제에는 기술뿐 아니라 인간적인 측면이 존재한다. 즉, AI의 발전과 함께 AI로 인해 발생 가능한 윤리적, 사회적 문제는 무엇인지에 대한 고려가 필요하다.

협의의 의미로 AI는 다양한 데이터의 학습을 통해 새로운 문제를 해결하기 위한 예측과 추론이 가능한 알고리즘이다. 따라서 기계를 학습시키는 과정, AI의 예측, AI로 인한 사회의 변화 등에서 공정하게 논의하고 비판적으로 사고하는 데 인문학이 도움을 줄 수 있다. 예를 들어 보자.

데이터의 관점에서는 기계가 학습하는 과정에서 편향된 데이터를 학습하거나, 특정 결정과 관련이 있는 데이터에 대한 학습이 이루어지지 않은 상태라면, 사람들에게 미치는 영향을 충분히 고려하지 못할 가능성이 존재한다. 윤리적 관점의 경우, AI가 예측하거나 추론, 결정하는 과정에서 성별, 인종, 계층에 대한 차별의 발생 가능성을 줄이기 위해 사회적 정의, 윤리 등에 대한 비판적 사고, 공정한 책임에 대한 논의가 요구된다. 사회적 관점에서 AI가 대체할 수 있는 직업의 증가로 인해 발생할 수 있는 사회적 불평등 문제를 해결하기 위해 기술적 관점뿐만 아니라 사회학적, 경제학적 접근도 필요할 것이다. AI 기술과 AI 서비스가 전 세계적으로 다양한 문화적, 사회적 맥락에서 사용될 수 있기 때문에 서비스의 개발에서는 각 지역의 문화적 특성, 역사적 배경, 사회적 가치 등도 고려해야 한다. 다양한 관점에 대한 이해가 부족할 경우, AI 시스템이 특정 문화나 집단, 가치관에 편향될 수 있으며, 이는 많은 사용자들에게 부정적인 영향을 미칠 수 있다.

사회적 문제는 예상되는 범위에서 발생하는 것이 아니다. 문제가 될 것이라고 예상되는 많은 상황에 대한 충분한 안전망이 있다고 하더라도 문제의 발생 가능성은

늘 존재한다. 지금 당장은 아니더라도 문제는 발생할 가능성이 있으며, 발생할 것이다.

오히려 문제가 되지 않을 것이라고 생각했던 곳에서 발생하는 문제가 해결하기 더 어려울 때도 있다. 기후 변화나 경제 불평등과 같은 복잡한 사회적 문제에서 AI가 다양한 데이터를 기반으로 예측하거나 결정을 내린다 하더라도 충분하지 않을 수 있다. 복잡한 사회적 문제를 다루는 데 기술적 해결책을 넘어서 생각할 수 있는 기반 마련은 인문학에서 찾을 수도 있다. 즉, AI 시스템을 설계할 때나 AI 시스템을 활용할 때 인간의 가치, 문화, 감정 등을 고려하는 것 등이다. 다양한 문화적 맥락을 이해하지 못하면, 오해나 문화적 충돌을 야기할 수 있기 때문이다. 기술이 사람들을 위한 것으로, 사람의 복지와 행복을 증진하는 방향으로 개발되기 위해서다.

인문학적 관점은 AI를 만드는 사람, AI를 활용하는 사람, 그리고 AI의 의사결정이 사람들의 요구를 더 잘 이해하고, 인간 중심의 AI가 되도록 만드는 데 중요한 역할을 할 수 있다.

AI와 인문학의 공생

AI가 사회에 미치는 영향, 윤리적 문제, 인간 중심의 설계, 창의적 문제 해결, 문화적 다양성 존중 등에 인문학은 기여할 수 있다. 인문학을 통한 접근이 더 공정하고, 인간 중심적인 AI 시스템을 개발하는 데 중요한 역할을 할 수 있으며, 기술이 인간의 삶에 미치는 긍정적 영향을 극대화하게 된다. AI 기술을 통한 사회의 변화 속 인간의 역할을 대신하게 되는 상황에서 인간에 대한 본질적 가치, 일의 의미, 인간과 기계의 경계와 구분 등은 무엇보다 중요하지만, AI 기술에 대한 이해 없이 인문학적 접근만으로 시대의 문제를 해결할 수는 없다.

AI 기술 자체에 대한 설명이 아니더라도 AI의 기본 개념에 대한 쉬운 설명, AI의 실제 응용 사례 등으로 AI가 실제 생활에 어떤 영향을 미치는지, AI로 인해 사람의 삶은 어떤 변화를 가져오는지 등에 대한 설명이 가능할 것이다. 이 정도의 지식으로 AI에 대한 이해가 가능할까? AI의 기술적 원리에 대한 이해가 부족할 경우, AI와 관련한 철학적, 인문학적 질문, AI의 발전이 인간의 정체성에 미치는 영향 등에 대한 논의는 공허한 울림이 되기 쉽다. AI에 대한 인문학적 프레임은 기술적 이해 없이도 AI의 중요성이나 사회적 영향을 논의할 수 있는 강력한 도구가 될 수 있지만, 오히려 기술에 대한 이해를 무시해도 된다는 편향된 시선의 가능성을 배제하기 어렵다. 인문학의 중요성에 집중한 나머지 그 이외의 기술적 측면에 대한 판단 등은 무시하고 자신이 믿고 있는 신념이나 정보에만 주목하는 확증 편향의 가능성이다.

AI는 확률적으로 작동하는 시스템이다. 즉, AI가 항상 100% 정확한 결정을 내리는 것은 불가능하며, 오류나 예기치 않은 결과가 발생할 가능성이 내재되어 있다. 이를 AI 시스템의 한계라고 인식하기보다는 사람이 완벽하지 않은 것과 마찬가지라는 것에 대한 이해가 중요하다.

AI 시스템이 늘 완벽한 것일 수는 없다. 그리고 AI 시스템에서 문제나 오류가 발생했다고 해서 항상 개발자나 데이터 제공자의 잘못이라고 할 수는 없다. AI 시스템이 수많은 변수를 처리하고 확률을 통해 예측하는 과정에서도 예상하지 못한 문제가 발생할 수 있다. 이것은 기술의 특성에 의해 발생할 수 있는 문제로 개발자의 실수나 오류가 아닐 수 있다.

생활을 편리하게 하는 다양한 운송 수단의 사고를 생각해 보자. 자동차를 운전하다 사고가 났다면, 기술적 측면, 부품, 조립 과정, 생산 전반의 과정, 그리고 운전자의 실수, 신호 체계, 다른 차량의 실수 등 많은 가능성이 존재한다. 그리고 그 가능성을 최소화하기 위한 인간의 노력은 계속되고 있다. 사고가 있었다고 해서 인간이 자동차를 폐기하거나 거부하지 않는 것은 사고에 대한 경각심을 통해 대비하고 문제를 최소화함으로써 삶의 편리함을 지속하기 위함이다. 또한 사고가 있었다고 해서 해당 부품의 생산자나 조립 과정에 개입한 사람들에게 책임을 묻지 않고 해결하기 위한, 혹은 문제를 최소화하기 위한 노력을 하는 것과 같은 맥락에서 생각해 보자.

자동차의 경우, 사고를 고려하는 과정에서 자동차의 생산 라인, 자동차 도로 상황, 교통 상황과 교통질서 의식 등이 복합적으로 작용한다. 즉, 기계 하나하나에 대한 이해는 부족할지라도 자동차에 대한 전반적 이해를 바탕으로 문제를 해결하기 위해 노력한다.

AI 시스템의 경우도 여러 이해관계자(개발자, 데이터 제공자, 사용자 등을 포함한 관련자)가 함께 작동에 참여하는 복잡한 구조를 이루고 있다. AI가 잘못된 결정을 내렸을 때, 그 원인을 단순히 개발자의 실수나 데이터의 문제로 환원할 수 없으며, 시스템 전체의 설계와 사용 방식 등 다양한 이해관계자와 AI 기술에 대한 고려가 필요하다. AI 기술에 대한 이해, AI 기술과 관련한 다양한 이해가 부족하다면, AI 시스템에서 발생하는 문제를 논의할 때, 모든 책임을 개발자나 데이터 제공자에게 전가하는 오해가 가능하다. 장기적으로 AI 기술 발전에 부정적인 영향을 미칠 수 있다.

또한 인간이 직접적인 실수를 하지 않았음에도 AI 시스템에서 예기치 못한 문제가 발생할 가능성도 충분히 존재한다. 이럴 경우에는 AI에 대한 공포나 불신이 커질 수 있으며, "AI를 개발하지 말자"는 극단적인 결론으로 이어질 수 있다.

AI 기술을 바탕으로 한 AI에 대한 이해 부족은 AI의 가능성을 간과하거나, 오히려 과장하고 확대해 더 큰 문제를 발생시킬 수 있다.

사회를 이롭게 하고 인간을 돕는 도구로서의 활용 가치를 높이기 위해서는 AI 기술에 대해 무조건적으로 불신하기보다 기술에 대한 이해, AI 시스템에 대한 이해를 기반으로 한 문제 해결 등에 관심을 기울여야 한다. 그리고 인문학적 관점에서도 인문학뿐 아니라 AI, AI 기술, AI 시스템에 대한 이해를 기반으로 한 융합적 사고를 발휘하고 세상에 나타난 인간을 위한 기술을 더 잘 사용하고, 공정하게 사용함으로써, AI와 인간의 공존에 기여할 수 있도록 하는 성숙한 접근이 필요하다.

참고문헌

김자미 · 김용(2023). AI 융합교육 역량 강화를 위한 교사의 교육요구도 분석. ≪인터넷정보학회논문지≫, 24(5), 121–130쪽.

Baker, T., et. al.(2019). Educ–AI–tion rebooted? Exploring the future of artificial intelligence in schools and colleges. Nesta. https://www.nesta.org.uk/report/education-rebooted/

Holmes, W.(2019). *Artificial intelligence in education: Promise and implications for teaching and learning*. Symposium conducted at the institute of educational technology, The Open University, UK.

Levi, Albert W.(1970). *The humanities today*. Indiana University Press.

06
데이터 과학과 AI

데이터 기반의 의사 결정에 도움을 주는 데이터 과학, 데이터 기반의 학습을 통해 데이터에서 패턴을 학습하고 이를 바탕으로 예측이나 결정을 수행하는 인공지능은 어떤 관련이 있을까? 그리고 이 두 학문의 공통분모인 기계 학습은 각 학문 분야에 어떤 통찰력을 제시하고 있는지에 대해 알아본다.

AI와 야구?

데이터 과학과 인공지능이 필요한 이유

데이터 과학과 인공지능은 기술의 발전과 산업의 변화에 따라 필수적인 역할을 하고 있기 때문에 대학 교육에서 미래 기술과 산업에서 경쟁력을 갖춘 인재를 양성하는 데 중요한 의미를 갖는다. 데이터 과학과 인공지능은 미래 기술의 핵심 요소로 전 세계적으로 수요가 급증하고 있어서, 미래 기술 인재 양성의 축을 이루고 있다. 특히 현대 기술 사회에서 다양한 산업의 문제를 해결하는 데 중요한 역할을 하는 핵심 학문 분야로 다양한 기초 지식과 실무적 기술을 필요로 하는 분야이기도 하다.

각 대학마다 데이터 과학, 인공지능에 대한 전공이나 학과를 신설하고 있는 이유는 매우 다양하다. 그중 하나가 융합 학문으로서 다양한 분야에 기여할 수 있다는 점이다. 데이터 과학과 AI는 여러 학문 분야와 밀접하게 연결되어 있어 학제 간 융합을 촉진한다. 데이터 과학은 통계학, 컴퓨터학, 수학적 이론, 경영학, 경제학 등을 배경으로 하고 있으며, 이외의 다양한 학문적 배경을 결합해 문제를 해결하는 데 중점을 둔다. 예를 들어, 사회 과학 데이터 분석, 생명 과학에서의 유전체 데이터 분석 등이 그 사례다. 인공지능 분야도 마찬가지다. 수학적 이론, 신경 과학, 철학 등의 학문적 토대 위에서 컴퓨터학, 공학, 심리학과 융합해 새로운 지능적 시스템을 개발하고 연구하는 분야다. 따라서 대학에서 데이터 과학과 AI를 교육하는 것은 학생들이 전공 분야에서의 전문성을 기르는 것 이외에 다양한 학문을 넘나들며 창의적으로 문제를 해결하는 능력을 기를 수 있게 해 융합형 인재 양성에 기여하기 때문이다.

현대 사회에서 데이터 과학과 AI는 산업과 사회 문제 해결의 중요한 도구로 사용되고 있다. 대학 교육에서 학문적 전문성뿐 아니라 융합이나 이중 전공, 복수 전공, 마이크로디그리 등 다양한 형태로 두 학문을 가르치는 것은 학생들이 현실 세계의 복잡한 문제를 해결할 수 있도록 돕는 데 핵심적인 의미를 가진다. 의료, 금융, 제조, 마케팅 등 다양한 산업에서 데이터 분석으로 최적의 솔루션을 도출하기 위해서 데이터 과학은 필수적이다. 데이터를 기반으로 한 분석 기법을 배워, 실질적인 비즈니스 문제를 해결할 수 있는 능력을 갖추게 된다. 같은 분야라 할지라도 인공지능은 해당 분야에서 실질적인 문제를 해결하는 데 도움을 준다. 의료 분야에서의 의사 결정, 금융에 대한 다양한 데이터를 기반으로 추론하고 예측할 수 있는 점 등 자율 시스템을 개발하고 복잡한 문제를 자동으로 해결하는 데 사용된다. 대학 교육에서 두 학문은 학생들이 현실 문제를 데이터와 AI 기술로 해결하는 능력을 배양하며, 이는 경제적 성장뿐 아니라 사회적 혁신을 이끄는 중요한 동력이 되고 있다.

기계 학습의 주요 유형

기계 학습(Machine Learning)은 인공지능의 한 분야로 데이터를 통해 컴퓨터가 스스로 성능을 개선하거나 문제를 해결하는 방법을 배우는 과정을 의미한다. 즉, 컴퓨터가 명시적인 프로그래밍 없이도 데이터를 기반으로 학습해 스스로 패턴을 찾아내고, 예측하거나 결정을 내릴 수 있도록 하는 기술이다.

기계 학습은 인간이 일일이 규칙을 정의하지 않아도 데이터를 통해 스스로 규칙을 학습할 수 있기 때문에 다양한 복잡한 문제를 해결하는 데 사용된다. 기계 학습을 위해서는 다양한 알고리즘과 통계 기법이 사용되며, 이 과정을 통해 기계 학습의 모델은 데이터로부터 학습해 주어진 작업에 대해 점점 더 나은 성능을 발휘하게 된다.

기계 학습의 특징은 데이터 기반, 자동화한 패턴 인식, 그리고 지속적인 성능 개선이 가능하다는 점이다. 구체적으로 데이터 기반 학습은 데이터를 통해 패턴을 찾고 이를 학습해 새로운 데이터에 대한 예측을 수행한다. 더 많은 데이터를 제공할수록 모델의 성능이 향상될 수 있다. 자동화된 패턴 인식은 명시적인 규칙을 작성하지 않아도, 기계가 데이터에서 규칙을 자동으로 학습해 적용할 수 있다는 것이다. 지속적인 성능 개선이 가능하다는 것은 학습 과정에서 모델이 스스로 새로운 데이터나 피드백을 바탕으로 지속적으로 발전한다는 것이다.

이상의 특징을 갖는 기계 학습은 크게 지도 학습, 비지도 학습, 그리고 강화 학습의 세 가지 유형으로 구분할 수 있다.

첫째, 지도 학습(Supervised Learning)은 레이블이 있는 데이터를 사용해 학습하는 방법이다. 즉, 입력 데이터와 이에 대한 정답(레이블)을 주고, 모델이 주어진 데이터와 정답 간의 관계를 학습하는 방식이다. 학습이 끝나면, 모델은 새로운 입력 데이터가 주어졌을 때 그에 대한 예측을 할 수 있게 하는 것이다. 예를 들어 이미지 분류를 가정해 보자. 고양이와 개의 이미지를 주고, 각 이미지에 고양이인지 개인지 라벨이 붙어 있는 경우, 모델은 고양이와 개를 구분하는 방법을 스스로 학습한다. 이후 새로운 이미지가 주어졌을 때, 그 이미지가 고양이인지 개인지 예측할 수 있게 된다. 스팸 메일에 대한 필터링도 가능하다. 이메일 데이터를 "스팸" 또는 "스팸 아님"이라는 라벨과 함께 제공하면, 모델은 이메일 내용과 라벨의 관계를 학습해 새로운 이메일이 스팸인지 아닌지를 예측해 분류한다.

지도 학습은 데이터에 정답이 있어 학습이 명확하기 때문에 결과도 예측 가능한 편이다. 다양한 실무 환경에서 많이 활용되며, 높은 성능을 발휘하고 있다. 그러나 라벨이 달린 데이터를 수집하는 데 많은 비용과 시간이 소요된다. 특히 새로운 분야에서는 라벨이 부족할 경우, 성능이 저하될 수 있다.

둘째, 비지도 학습(Unsupervised Learning)은 레이블이 없는 데이터를 가지고 학습하는 방법이다. 주어진 데이터의 구조나 패턴을 파악하는 데 중점을 두어, 데이터를 그룹화하거나 특징을 추출하는 방식이다. 비지도 학습은 데이터를 라벨링할 필요가 없으므로, 대규모 데이터를 활용할 수 있다. 예를 들어, 비슷한 특성을 가진 데이터를 하나의 그룹으로 묶는 군집화(Clustering) 작업이 가능하다. 고객 데이터를 분석해 비슷한 구매 패턴을 가진 고객들을 그룹화할 수 있다. 전문적 영역에서는 고차원의 데이터를 저차원으로 변환해, 데이터의 핵심 정보를 유지하면서도 분석을 쉽게 만드는 기법인 차원 축소(Dimensionality Reduction)도 가능하다. 차원 축소의 한 기법으로 주성분 분석이 있다.

비지도 학습은 라벨이 없는 데이터를 학습할 수 있어 데이터 수집 비용이 낮으며, 데이터 내에 숨겨진 패턴이나 구조를 발견하는 데 유용하다. 그러나 학습을 할 때 명확한 정답이 없기 때문에, 결과를 평가하거나 해석하기 어려울 수 있어서 성능이 다소 불안정할 수 있다.

셋째, 강화 학습(Reinforcement Learning)은 보상을 통해 학습하는 방법이다. 에이전트(학습 모델)가 환경과 상호 작용하면서, 행동을 취하고 그 결과로 보상(positive reward)이나 벌점(negative reward)을 받는다. 목표는 에이전트가 장기적으로 누적 보상을 최대화하는 행동 방식을 학습하는 것이다. 생활 속에서의 운전을 생각해보자. 운전자는 도로에서 운전하면서, 질서를 지키며 올바른 방향으로 운전하거나 속도를 조절하면 특별한 벌점이 발생하지 않고, 무사고 운전이라는 보상을 받는다. 그러나 속도위반, 신호 체계 위반 등과 같이 잘못된 행동을 하면 벌점을 받는다. 이와 같이 모델도 장기적인 행동 방식을 통해 습득해 나가는 것이다. 바둑이나 체스와 같은 게임에서 AI는 수많은 시도를 통해 좋은 전략을 학습하고, 결국 인간 플레이어를 이길 수 있는 수준까지 도달하게 된 것이다.

강화 학습은 실시간으로 환경과 상호 작용하며 학습할 수 있어 자율 시스템에 적합하다. 긴 시간 동안 축적된 보상을 기반으로 복잡한 문제를 해결할 수 있다는 장점이 있다. 그러나 다양한 상호 작용이 필요한 만큼 학습 속도가 매우 느릴 수 있고, 탐색과 활용의 균형을 맞추는 것이 어렵다. 특히 잘못된 보상 설정은 비효율적인 학습으로 이어질 수 있다는 단점이 있다.

정리하면, 기계 학습의 유형 중 지도 학습은 명확한 정답(레이블)을 가지고 데이터와 그 정답 사이의 관계를 학습하는 방식이다. 비지도 학습은 정답이 없는 데이터를 가지고 패턴이나 구조를 파악하는 학습 방법이며, 강화 학습은 행동에 대한 보상을 기반으로 학습하며, 에이전트가 스스로 최적의 행동 방식을 찾아내는 방식이라 할 수 있다.

기계 학습과 데이터 과학, 인공지능

기계 학습은 사람이 직접 프로그래밍하기 힘든 복잡한 문제를 데이터를 기반으로 자동으로 해결할 수 있다. 또한 데이터로 넘쳐 나는 현대 사회에서 생성되는 방대한 양의 데이터를 효과적으로 분석하고 처리해 유용한 정보를 얻을 수 있게 해 준다. 기계 학습의 세 유형인 지도 학습, 비지도 학습, 강화 학습은 데이터과학과 인공지능의 핵심 문제 해결에서 특정 유형의 문제를 해결하는 데 서로 다른 적합성을 갖고 있으며, 실제 문제를 해결하는 데 필수적이다. 데이터 기반의 의사 결정을 통해 문제를 해결하기 위한 데이터 과학에서 기계 학습은 효율적인 해결 방법을 제공할 수 있다.

지도 학습은 명확한 정답이 있는 문제(예: 예측과 분류)에서 필수적이다. 이는 미래의 결과를 예측하거나 데이터를 분류할 때 중요한 역할을 한다. 예를 들어, 고객 이탈을 예측하거나, 이미지에서 사물을 분류하는 문제는 지도 학습 없이 해결하기 어렵다. 따라서 의료 진단, 금융 예측, 마케팅 분석 등에 유용하다. 정답이 명확하게 존재하는 문제를 해결하고자 할 때 정확한 솔루션을 제공할 수 있다.

비지도 학습은 라벨이 없는 데이터에서 패턴을 찾는 데 사용되기 때문에 대규모 데이터를 가지고 있으나 이에 대한 정답이 없을 때, 데이터의 구조를 파악하고 새로운 정보를 발견하기 위한 방법론이 될 수 있다. 경영학의 관점에서 고객 세분화를 통해 비즈니스 전략을 수립하는 데 활용된다. 비지도 학습의 특징인 이상 탐지, 고객 세분화, 차원 축소와 같은 문제에서 유용하며, 데이터를 라벨링할 수 없는 상황에서 패턴을 발견하는 데 중요한 방법론이 될 수 있다.

강화 학습은 의사 결정을 자율적으로 내리며, 복잡한 환경에서 장기적 보상을 최적화하는 문제를 해결할 때 필수적이다. 자율 주행이나 게임 AI, 로보틱스와 같은 복잡한 문제에서 최적의 행동을 학습하게 한다. 즉, 복잡한 환경에서의 행동 선택 문제를 해결하는 데 도움이 된다.

세 가지 학습 유형은 미래의 기술 발전과 밀접하게 연결되어 있다. 강화 학습이 자율 주행차, 로봇 공학, 인공지능 게임 등 첨단 기술의 기반이 되고 있다면, 지도 학습과 비지도 학습은 기계 학습 및 데이터 과학의 발전을 이끌고 있다. 대학에서의 데이터 과학과 인공지능에 대한 깊은 관심은 그 활용에 대한 다양성뿐 아니라 기술 발전에 부응하며, 함께 성장하는 인재를 양성해 갈 수 있기 때문이다. 데이터 과학자나 AI 연구자는 다양한 문제 유형을 접했을 때, 문제에 맞는 적절한 방법을 선택할 수 있는 능력이 필요하다. 세 가지 학습 유형에 대한 이해는 어떤 문제든 효율적으로 접근하고 해결할 수 있는 기술적 역량을 갖추게 하는 데 도움이 될 것이다.

07
AI와 마이크로디그리

AI가 다양한 학문 분야에서 혁신적인 도구로 사용되면서 지금까지 해결하지 못했던 내용에 대한 새로운 연구 방법론으로 부상하고 있다. 대학에서도 각 전공 분야의 지식과 AI의 융합을 통해 사회에서 필요로 하는 적응력을 키우기 위해 다양한 내용의 마이크로디그리를 운영하고 있다. 대학 교육과정 변화의 핵심으로 떠오르는 마이크로디그리에 대해 알아본다.

AI와 윤동주?

사회의 변화와 대학의 위기

전통적인 대학은 오랜 역사 속에 순수 학문을 추구한다는 의미의 상아탑(象牙塔, Ivory Tower)으로 불렸다. 현실 세계와 동떨어진 채 순수하게 학문적 탐구만을 추구하는 상태를 나타냈으며, 학자들이 외부의 압력이나 사회적 요구에 휘둘리지 않고 지식의 자유로운 탐구를 추구할 수 있는 공간적 측면을 포함했다.

근현대로 오면서 대학이 지식을 생산하고 연구하는 역할을 넘어, 사회에 적극적으로 기여해야 한다는 대학의 사회적 책무성(Social Responsibility of Universities) 개념이 대두했다. 대학이 단순히 학문적 연구에만 머무르지 않고, 사회적 문제를 해결하는 데 기여해야 한다는 것이다. 대학은 위치한 지역 사회에 직접적인 기여를 해야 하며, 지역의 경제 발전뿐 아니라 국가 사회적 차원에서 환경, 빈곤, 불평등, 인권 등 현대 사회의 복잡한 문제들에 대해 실질적인 연구와 솔루션을 제공해야 한다는 것이었다. 상아탑과 대학의 사회적 책무성은 서로 연결되어 있으면서도 대조적인 의미를 갖고 발전해 왔다. 상아탑의 개념은 주로 학문적 세계가 현실과 단절되어 있다는 비판적 의미로 사용되고 있다. 반면에 대학의 사회적 책무성은 대학이 사회와 적극적으로 연결되고 기여해야 한다는 개념으로 사회에 필요한 인재 양성이라는 의미까지를 포함하게 되었다.

깊이 있는 학문적 교육과 다양한 전공을 통해 학문 분야에 대한 체계적인 지식을 제공하는 고등 교육 기관인 대학은 심화된 연구와 학문적 역량 축적에 주력했다. 그러나 빠른 사회 변화와 기술의 발전은 대학에 대해 2~4년 정도의 학위 과정이나, 석사, 박사 등의 정규 학위 수여까지의 긴 학습 기간, 높은 비용, 실용성 부족이라는 단점을 부각하고 있다. 전통적인 학위 과정은 학생이 사회에 진출하기까지 오랜 시간이 걸리며, 빠르게 변화하는 기술이나 산업의 트렌드를 따라가기 어렵게 했다. IT, 데이터 과학, 인공지능 등 빠르게 변화하는 분야에서는 긴 학습 과정을 통해 배운 지식이 실무에서 바로 활용되기엔 한계를 나타내었다.

과목의 실용성도 문제로 지적되었다. 대학 교육의 커리큘럼은 종종 이론적이고 포괄적인 교육에 중점을 두는 경우가 많다. 기본적인 지식과 교양을 쌓기 위한 것이지만, 실무에 바로 적용할 수 있는 구체적인 기술이나 역량을 배양하기에는 부족할 수 있다. 특정 직무나 기술 변화에 맞춘 유연한 커리큘럼을 제공하는 데 한계가 있어, 학생들이 졸업 후 실제 직무에서 필요로 하는 실무 기술을 다시 배워야 하는 상황까지 발생한다. 과거에는 전통적 학위가 직업 시장에서 경쟁력을 가졌지만, 최근에는 학위 소지자가 많아지면서 그 가치도 하락하고 있다. 고등 교육을 받은 사람들 사이의 경쟁률이 높아지면서 학위만으로 직업을 구하는 것 자체가 어려운 상황이다.

사회의 변화에 따른 대학의 위기를 극복하기 위해 각 대학은 대학의 혁신 및 미래 경쟁력 강화를 위해 학생 지원을 강화하려는 다양한 방안을 마련했다. 학생 전공 선택권 확대와 함께 유연한 교육 체제 · 학사 구조로의 개편, 핵심 역량 중심 교육 확대, 학생 지원 체계 고도화, 학사 구조 유연화 등 대학별 여건에 따른 시도가 다양하게 진행되었다. 디지털과 인공지능으로 인한 사회의 급격한 변화에 적응할 수 있도록 경계를 넘는 교육을 통한 융합 역량 강화, 학과의 교육과정이라는 울타리를 벗어나 재학 중에 폭 넓은 경험으로 전공 · 진로 탐색을 통해 다원화된 역량 함양의 중요성이 부상했다. 단편적인 분야의 지식 습득이 아니라 다양한 분야를 경험할 수 있도록 대학 교육 체계를 혁신해 '알고 있는 것'이 아니라 '할 수 있는 것', '적용을 통해 문제를 해결할 수 있도록 하는 것', '이론이 아닌 실천적 지식 함양을 통해 역량을 강화할 수 있도록 하는 것'에 중점을 두었다. 대학 재학 중 학생의 선택권을 강화하고, 학생의 다양한 경험을 보장하기 위해서 전공 선택권 보장, 광역 선발, 무전공 입학, 다전공 제도 등을 유기적으로 연결해 한정된 대학의 자원을 폭넓게 활용하고, 긴 학습 기간 동안 학생의 선택권을 보장할 수 있는 교육과정의 운영 다양화 방안을 모색하고 있다.

대학의 마이크로디그리

마이크로디그리(Microdegree)는 변화를 모색하고 있는 대학 교육의 방향을 설정하는 데 도움을 주고 있다. 마이크로디그리는 특정 기술, 주제, 또는 분야에 대해 짧은 기간 동안 집중적으로 학습해 수료하는 자격 인증이다. 전통적인 학위 프로그램과 비교해 더 짧은 기간에 완료할 수 있으며, 실무에 바로 적용할 수 있는 실용적인 기술을 습득하는 데 중점을 두기 때문에 효율적인 교육 수단이 되었다. 전통적인 대학에서는 산업의 트렌드를 반영하고 IT, 데이터 과학, 인공지능, 클라우드 컴퓨팅 등 빠르게 발전하는 기술 분야에서 필요한 기술을 짧은 시간 안에 집중적으로 습득할 수 있도록 다양한 유형의 마이크로디그리를 운영하고 있다. 마이크로디그리라는 명칭 이외에 각 학교에서는 학교의 프로그램 운영 현황을 고려해 교과 인증 과정(Certificate Program), 마이크로 전공 제도를 운영하고 있다. 각 대학마다 운영하는 제도명은 다르지만, 목적에 따라 특정 주제, 학문 분야에서 제시하는 각 과목군에서 최소 단위를 이수하면 이수증을 제공하거나 인증하는 방식이다.

제도의 운영 방식, 학문 분야의 특성, 주제에 따라 6학점에서 32학점까지 다양하게 이수하면 해당 마이크로디그리를 획득할 수 있다. 각 대학별로 운영하는 마이크로디그리의 주제 또한 다양하며, 인공지능, 데이터 과학 등에 대한 단독 마이크로디그리나 인공지능, IT, SW, 데이터 과학과의 융합을 통해 자신의 전공과 특정 분야의 지식을 기반으로 융합 역량을 강화하기 위한 형태로 운영되고 있다. 최근의 기술과 관련한 대학의 마이크로디그리는 마케팅과 인공지능, 인공지능과 경영 과학, 인공지능과 경영 정보 시스템, 인공지능 융합 비즈니스, 인공지능 콘텐츠, 인공지능 경제학, 인공지능 반도체, 인공지능 교육, 의료 인공지능, AI 테크놀로지와 커뮤니티 리브랜딩, 인공지능과 예술, 컴퓨테이셔널 사회 과학, AI 융합 교육, 빅 데이터 역사 정보, 항공 드론 AI 빅 데이터 이해 등과 같이 인공지능과의 융합이 두드러진다. 각 분야에서 필요성이 증대하고 있는 AI 분야와의 융합 대학에서 자신의 전문 분야에 긴 시간 노력, 투자하는 등 동시에 사회 적응을 위해 짧은 소양을 갖추고 AI 기술 전반에 대한 단계를 높여 가는 데 마이크로디그리가 기여하고 있다.

모두에게 필요한 AI 마이크로디그리

AI 기술은 다양한 학문 분야에서 혁신적인 도구로 사용되고 있으며, 각 분야에서의 활용 방법 또한 다양하다. AI는 데이터를 처리하고, 패턴을 발견하며, 복잡한 문제를 해결하는 데 도움을 줄 수 있기 때문에 각 학문 분야에서 새로운 연구 방법론으로 각광받고 있다. AI와 전혀 관련이 없을 것 같은 분야에서도 AI 기술의 쓰임은 인정되고 있다.

인문학의 분야에서 AI는 연구를 도와 학문적 발견을 가속화하는 도구로 사용된다. 즉, 자연어 처리 기술은 문학 작품, 역사적 문서, 철학적 텍스트를 분석하고, 언어 패턴이나 주제를 파악하는 데 활용된다. 디지털 인문학(Digital Humanities)에서는 AI가 문헌을 자동으로 분류하거나 특정 주제를 중심으로 분석해 줄 수 있기 때문이다. 예를 들어, AI 기반 번역 시스템은 다양한 언어 간의 번역을 도와준다. 언어학에서는 AI가 언어 구조와 어휘 사용 패턴을 분석해 언어 변화의 흐름을 추적해 준다. 미술 작품, 음악, 영화 등 문화적 데이터를 분석해 예술적 트렌드나 역사적 변화 과정을 연구하는 데도 도움을 준다. 역사학과 같은 분야에서도 고문서를 분석하거나 고증을 통해 확인할 수 있었던 사회 문화, 지배 구조 등을 AI 기술로 분석하는 디지털 역사학(Digital history)이 국내에 정착한 지 10여 년이 되었다.

사회 과학에서는 사회적 행동이나 정치적 경향을 분석하고, 설문 조사 결과를 해석하는 데 중요한 도구로 활용된다. 오래전에 검증된 바와 같이 소비자 행동이나 사회적 행동을 예측하고, 온라인 쇼핑 데이터 등을 바탕으로 소비자의 구매 패턴을 분석해 향후 행동을 예측하고 경영 측면에서 활용하고 있다. 소셜 미디어 데이터나 뉴스, 사용자 리뷰 등을 분석해 사람들의 감정이나 여론을 파악한다. 특정 사건에 대한 소셜 미디어 반응을 분석해 사회적 분위기를 이해하는 데는 정서 분석(Sentiment Analysis)이 효과적이다. 선거 방송에서 확인할 수 있듯이 AI는 선거 결과 예측, 정책 효과 분석, 정치적 경향 파악 등에 사용된다. 대규모 데이터를 바탕으로 선거 예측 모델을 구축하거나, 정치적 담론의 변화를 분석하기 때문에 보다 정확한 예측이 가능하다.

경제 및 금융학에서는 금융 시장 분석과 자동화한 투자 전략을 통해 고빈도 거래(High-frequency trading)를 수행한다. 기계 학습 알고리즘으로 주식 시장의 변동성을 예측하고, 최적의 투자 결정을 내릴 수 있게 하는 알고리즘 트레이딩은 많은 증권사에서 활용하고 있다. 리스크 분석과 신용 평가에서는 개인의 금융 데이터를 분석해 대출의 리스크를 평가하거나, 금융 사기 탐지 시스템에도 활용되고 있다. 이제는 보편화한 금융 기관의 AI 기반 챗봇은 고객의 질문에 실시간으로 대응하고 고객의 소비 패턴 분석을 통해 맞춤형 금융 상품을 추천하는 등 직원 이상의 역할을 수행한다.

예술의 관점에서도 인공지능은 더 이상 낯설지 않다. 음악, 미술, 문학에서 창작 도구로서 AI 기반 프로그램은 작곡, 그림 생성, 소설 작성 등을 자동으로 하거나, 예술가가 창작하는 데 도움을 주고 있다. 역사적 유물이나 예술품의 복원 및 보존 작업에서는 손상된 예술품을 AI가 분석해 원래 모습을 복원하거나, 3D 스캐닝을 통해 유물의 디지털 아카이브를 구축하는 등 문화유산 보존도 담당한다.

의학이나 생명 과학 분야에서는 진단, 약물 발견, 의료 이미지 분석 등 혁신의 주역이 되었다. X-ray, CT,

MRI와 같은 의료 이미지를 분석해 암, 심장 질환 등 질병을 조기 발견하는 데 도움을 주며, 딥러닝 알고리즘은 이미지 인식 기술을 사용해 사람의 눈으로는 감지하기 어려운 패턴을 찾아낸다. 진단 보조 시스템으로서는 환자의 증상, 병력, 검사 결과 등을 분석해 정확한 진단을 내리는 데 도움을 주고 있다. IBM의 왓슨 헬스(Watson Health)는 의료 데이터와 논문을 바탕으로 환자 맞춤형 진단 및 치료법을 추천하기도 한다. 신약 개발, 유전자 정보 분석 등 질병에 대한 예측, 유전자와 질병 간의 관계 등 의료 분야에서도 선도적 역할을 진행한다.

각 대학에서 AI와 다양한 주제나 전공과의 융합을 고려하는 것은 이상에서 제시한 예시 이상으로 많은 분야에서 AI의 영향력이 커지고 있기 때문이다. AI를 따로 전공하지 않고도 자신의 전문 분야와 AI를 융합하는 데 도움을 주는 마이크로디그리는 AI, 데이터 과학, IT 분야와 타 학문 분야의 융합에 많은 도움을 주고 있다.

나노디그리와 마이크로디그리

나노디그리(Nanodegree)는 유다시티(Udacity)에서 제공하는 특정 브랜드의 교육 프로그램으로, 마이크로디그리의 한 형태다. 즉, 나노디그리는 무크(MOOC)의 한 유형인 유다시티가 만든 고유한 교육과정 이름이다. 나노디그리는 유다시티에서 기술 분야에 초점을 맞춰 제공하는 프로그램으로 IT, AI, 데이터 과학, 블록체인 등 기술 중심 교육에 강점을 두고 있다. 인공지능, 자율 주행, 데이터 과학, 프로그래밍 등의 기술 분야에 특화되어 있으며, 수료 시 유다시티에서 제공하는 인증서를 받는다. 인증서는 유다시티에서 관련 기술을 습득했다는 것을 공식적으로 증명할 수 있기 때문에 미국 내 직업 시장에서 활용된다.

나노디그리가 특정 기관의 용어라면, 마이크로디그리는 일반적인 용어로, 다양한 교육 기관이나 온라인 플랫폼에서 제공하는 프로그램명이다. 짧고 집중적인 교육과정을 통해 특정 기술이나 주제에 대한 지식을 습득할 수 있는 프로그램에 대한 포괄적인 용어다. 전통적인 학위와 비교해 훨씬 짧은 기간 안에 완료할 수 있으며, 실무에 바로 적용할 수 있는 실용적인 역량을 키우는 것을 목표로 하기 때문에 폭넓은 주제를 다루고 있다. 인공지능, 데이터 과학, 소프트웨어 개발, 마케팅, 경영, 정치 등 다양한 분야를 포함한다. 학위와는 다르지만, 마이크로디그리 수료 시 수료증이나 인증서를 받게 된다. 온라인 교육 플랫폼(Coursera, edX, Udemy 등)에서 시작되었으나, 현재는 오프라인 고등 교육 기관에서 광범위하게 프로그램이 운영되고 있다.

참고문헌

김자미(2024). 재학생 전공 선택권 강화 및 융합교육을 위한 혁신적 교육과정 모델 수립을 위한 연구. 고려대학교 미래 고등교육 혁신방안 연구.

08
프롬프트 디자인

생성형 AI를 사용할 때 프롬프트는 목적에 맞는 답을 얻는 데 중요한 역할을 한다. 사용자의 관점에서 프롬프트나 프롬프트 디자인 등에 대해 이해하는 것은 생성형 AI를 자신의 전공이나 분야에서 도움을 주는 멘토로 옆에 두는 것과 같은 결과가 될 것이다. 어떤 다양한 프롬프트 방식이 있는지, 목적에 맞게 프롬프트를 작성하기 위해 이해해야 할 것은 무엇인지에 대해 알아본다.

AI와 한의학?

새롭게 부상하는 프롬프트 디자인

시대에 따라 단어는 새롭게 생성되고 소멸되는 양상을 갖는다. 사회의 변화나 기술에 따라 필요한 단어가 구성원에 의해 생성되고 사라진다. 사용되는 용어는 꼭 전문용어가 아니라 할지라도 동일한 단어가 사용되는 분야에 따라 다른 의미를 갖는다. 프롬프트(prompt)라는 단어는 무슨 의미일까? 어렴풋이나마 알고 있다면, 당신은 연기 분야의 종사자이거나 정보 · 통신 분야와 관련 있는 사람일 것이다. 프롬프트는 연극 등의 공연에서 관객은 볼 수 없는 곳에서 누군가가 배우가 해야 하는 대사나 연기 동작을 알려 주는 일을 의미한다(표준국어대사전). 흥미로운 것은 문화 체육부 고시 제 1996-13호의 생활용어 수정 보완 고시 자료에서는 '프롬프트'라는 단어 대신 '길잡이'만을 사용하라고 했다. 당시에는 외국어라는 이유로 한글 사용을 권장하는 일환에서였다.

정보 · 통신 분야에서 프롬프트는 컴퓨터 시스템이 다음 명령이나 메시지 혹은 사용자의 명령을 받아들일 준비가 되었을 때, 컴퓨터의 모니터에 나타나는 표시이거나 사용자에게 알려 주는 메시지를 의미한다(고려대한국어대사전). 최근에는 대규모 언어 모델 기반의 생성형 AI에게 답을 얻기 위해 이용자가 입력하게 되는 명령, 지시, 질문 등을 프롬프트라고 한다. 즉, 프롬프트는 사용자가 희망하는 특정 작업을 수행하도록 생성형 AI에 요청 혹은 질문하는 텍스트다. 예를 들어, 그림을 그리는 생성형 AI에게 자신이 원하는 그림을 그릴 수 있도록 하기 위해 다양한 형태로 명령이나 지시를 하게 되는 것도 프롬프트 작업이다. 프롬프트 작업을 통해 사람이 원하는 답을 찾을 수 있도록 하기 위해서는 생성형 AI가 사람이 제시한 단어의 뉘앙스나 의미를 잘 이해할 수 있게 하는 프롬프트 엔지니어링이 필요하다. 프롬프트 엔지니어링은 생성형 AI을 통해 원하는 결과를 얻을 수 있게 하는 프로세스다. 생성형 AI로 높은 품질의 결과물을 산출하려면 생성형 AI를 훈련시키기 위한 구체적인 지침이 필요하다. 프롬프트 엔지니어링은 사용자와 생성형 AI가 의미 있는 상호 작용을 가능하게 하는 구문, 단어, 기호나 문장의 형식 등을 구성할 수 있게 해 주기 위한 것이다. 연구 및 교육 기관인 DAIR.AI에서는 깃허브(깃헙이라고도 함)를 통해 프롬프트 엔지니어링을 위한 가이드에서 프롬프트 구성 요소를 네 가지로 제시했다. 첫째, 생성형 AI 모델을 통해 결과를 얻기 위해 진행하는 특정 작업 또는 지침에 대한 '명령(Instruction)', 둘째, 모델을 조정할 수 있는 외부 정보나 추가적으로 제공할 수 있는

'맥락 정보(Context)', 셋째, 답변을 찾기 위한 질문에 해당하는 '입력 데이터(Input Data)', 그리고 넷째, 출력의 형식을 의미하는 '출력 데이터(Output Data)'다. 네 가지가 잘 진행될 수 있도록 프롬프트 엔지니어링을 실행하는 엔지니어는 전문적인 분야에서 새롭고 창의적인 결과물을 얻을 수 있도록 하고, 복잡한 질문에 대해서 효과적이고 효율적으로 답할 수 있도록 시스템을 설계하고 개발하는 사람이다.

프롬프트 엔지니어의 주요한 역할은 자연어 처리나 기계 번역 등의 작업을 개선하는 것이다. 여기에서 자연어(Natural Language)는 사람들이 일상생활에서 사용하는 언어이며, 자연어 처리는 사람이 일상에서 사용하는 언어, 혹은 단어의 의미를 분석해서 컴퓨터가 인간의 언어를 해석하고 이해할 수 있도록 처리해 주는 기술이다. 자연어 처리의 범위는 문자, 동영상, 오디오 등 다양한 형태의 음성이나 텍스트 등을 포함한다. 따라서 자연어 처리를 위해 사용되는 소프트웨어는 다양한 문자, 오디오, 동영상 등을 처리해 메시지가 담고 있는 의도나 감정까지 분석할 수 있다. 프롬프트 엔지니어는 대규모 언어 모델 혹은 거대 언어 모델에 대해 잘 이해하고 있어야 하며, 의사소통에 대한 기술, 기술 전반에 대한 개념을 설명하는 능력, 프로그래밍 전문 지식, 데이터나 알고리즘에 대해 잘 알고 있어야 한다. 대규모 언어 모델에 대한 구체적인 설명은 9장에서 진행한다.

프롬프트 엔지니어에게 의사소통 기술이나 언어에 대한 이해가 필요한 것은 생성형 AI를 사용하는 사람이 입력하는 프롬프트를 생성형 AI가 잘 이해할 수 있도록 해야 하기 때문이다. 프롬프트로 제시되는 단어에 따라 결과가 달라질 수 있기 때문에 어휘에 대한 이해를 비롯해, 맥락에 따른 뉘앙스나 표현, 언어학 등에 대해서도 잘 알고 있어야 한다.

시스템 설계나 프로그램 개발, 자연어 처리 등과 같은 기술적 측면까지는 아니라 할지라도 필요한 답변을 이끌어 낼 수 있도록 프롬프트를 설계할 수 있는 사람을 프롬프트 디자이너라고 한다. 프롬프트 디자인은 프롬프트 엔지니어링과 함께 생성형 AI로 인해 AI를 잘 다룰 수 있는 새로운 직업으로 부상하고 있다.

개개인의 전문 분야에서 생성형 AI를 잘 다룰 수 있다면, 꽤 똑똑한 비서 혹은 멘토를 옆에 두고 있는 것과 같은 결과를 얻게 될 것이다. 동일한 생성형 AI를 사용한다 하더라도 원하는 답변이나 전문적인 답변을 얻기 위해서는 프롬프트를 어떻게 디자인할 것인지가 중요하게 되었다. 그리고 자신의 분야에서 깊고 넓은 지식을 습득하고, 문제를 해결하기 위해 프롬프트를 디자인하는 것은 다양한 직업계에서 필요한 역량이 되었다.

프롬프트를 디자인한다는 것

챗봇을 사용해 본 경험이 있다면, 프롬프트 입문 단계는 넘어섰다고 할 수 있다. 챗봇이 생성형 AI가 아니라 할지라도 내가 원하는 답을 얻기 위해 AI와 대화를 해 나가는 과정 그 자체가 프롬프트 디자인의 한 면이 될 수 있기 때문이다. 특정한 목적을 갖고 서비스되는 챗봇은 사용하는 단어나 내용이 한정적이다. 예를 들어 '은행과 관련된 업무'를 설명하거나 '카드사에서 제공하는 챗봇'은 해당 회사에서 제공하는 상품과 관련한 한정된 질의응답만이 가능하도록 되어 있다. 내가 원하는 질문에 대한 답을 하지 않고, 일반적인 답만을 제공해 나를 화나게 하는 챗봇도 있다. 챗봇의 서비스 내용이 한정되는 경우는 내가 궁금해하는 질문에 정확한 답을 하기 어려울 뿐 아니라 가끔은 내가 전혀 궁금하지 않은 사항만을 질문하도록 하기도 한다. 생성형 AI에 의한 챗봇이라기보다는 회사에서 제공하고 있는 FAQ(자주 묻는 질문, frequently asked question)를 챗봇으로 옮겨 놓은 형태이기 때문이다.

일반적인 생성형 AI 모델을 통해 제공되는 서비스를 생각해 보자. 대화를 통해 정보를 제공하는 챗지피티, 빙(BING) 챗, 구글의 제미나이, 그림을 그려 주는 미드저니 등은 쉽게 접하고 사용해 볼 수 있는 생성형 AI 서비스다. 미드저니를 통해 그림을 그릴 때, 내가 원하는 그림을 그리기 위해 명령어를 여러 번 수정한 적이 있는가? 가끔은 하나의 단어만으로도 내가 원하는 그림을 얻을 수 있지만, 수십 번의 수정으로도 원하는 그림을 얻지 못하는 경우도 있다. 이렇게 프롬프트는 AI 모델에서 원하는 답을 찾기 위해 질문과 같은 텍스트를 입력하는 것이며, 내가 원하는 답을 찾기 위해 질문의 문구나 내용, 방법 등을 다양하게 수정해 가는 행위는 디자인이라고 할 수 있다.

작업 수행을 위해서는 목적에 맞는 생성형 AI를 선택하는 것과 더불어 프롬프트를 어떻게 디자인할 것인가가 핵심이다. 특정 작업을 명시적으로 제시하는 요청 전용 프롬프트에서는 모델에게 직접적인 행동을 지시하는 방식을 사용한다. 모델에게 무엇을 해야 하는지를 구체적으로 지시하는 방법으로 '번역해 줘', 문장 분류를 위해 '판단해 줘', '다음의 텍스트를 요약해 줘' 등과 같이 요청하는 방식을 사용한다. 요청 전용 프롬프트는 작업의 목적이 명확하기 때문에 오답을 줄일 수 있으며, 빠른 답변을 받을 수 있다.

명확한 지시를 통해 특정한 결과를 얻기보다는 문맥에 따라 자유로운 응답을 가능하게 하고, 더 많은 해석이나 창의적인 답변을 원한다면, 일반 프롬프트 방식을 사용한다. '요즘 날씨는 어떤 흐름이야?', '왜 사람들은 독서를 좋아할까?' 등과 같이 다양한 요인을 들어 여러 해석이 가능하도록 한다. GPT-4o는 일반 프롬프트와 요청 전용 프롬프트 모두에 유연하게 대응 가능한 혼합형으로 설계된 모델이다. 이외에도 대화형, 지식 기반, 창의적, 교정 및 개선, 지시 기반, 채점 및 평가, 추론 기반 프롬프트 등 다양한 유형의 프롬프트가 존재한다.

사용자는 목적과 작업의 특성을 고려해 적합한 프롬프트 유형을 선택하는 것이 중요하다. 자연스러운 대화를 희망한다면 대화형 프롬프트, 방대한 지식을 기반으로 과학, 역사, 프로그래밍 등의 여러 주제에 대한 설명을 원한다면 지식 기반 프롬프트, 스토리텔링이나 시 작성, 소설의 줄거리 생성 등과 같은 자유로운 상상력을 희망하면 창의적 프롬프트 등을 활용할 수 있다.

사용자가 프롬프트를 활용하는 목적을 분명하게 하지

못할 경우, 프롬프트를 통해 쏟아지는 많은 비효율적인 정보를 접하게 된다. 대화형의 경우, 과거의 대화 내용을 기억하고 있으며, 계속해서 대화를 이어 가면서 자연스러운 상호 작용을 가능하게 하지만 긴 대화나 복잡한 대화 흐름에서 이전 대화 맥락을 잃을 수 있다. 사람도 긴 대화를 나누다 보면 이전에 이야기한 내용을 제대로 기억하지 못하고 일관성이 떨어질 수 있는 것과 유사하다. 대화형 프롬프트에서는 명확한 작업 목표 없이 자유로운 대화를 이어 가기 때문에 구체적인 요청 없이 추상적인 질문이나 문맥적 대화는 효율성이 떨어질 수 있다. 사용자와의 상호 작용을 지속하기 위해 동일한 정보나 질문을 반복할 수 있으며, 맥락을 충분히 이해하지 못하면 불필요한 질문을 반복해 사용자에게 피로감을 줄 수 있다. 따라서 사용자가 목적에 맞게 프롬프트를 디자인하는 것이 무엇보다 중요하게 된다.

적합한 프롬프트 선택 방법

여러 다양한 생성형 AI 모델 중 가장 능력이 뛰어난 모델은 무엇인지가 궁금할 때가 있다. 생성형 AI의 가용성 범위를 판단하는 중요한 척도가 되는 것이 학습 또는 프롬프트 방식이다. 제로샷(Zero-shot), 원샷(one-shot), 퓨샷(few-shot) 방식이다. 제로샷을 예로 들면, 제로샷 학습(Zero-shot learning)이라고도 하고 제로샷 프롬프트(Zero-shot prompt)라고도 한다. 먼저 둘의 의미를 구분할 수 있다면, 생성형 AI의 학습이나 프롬프트에 대해 이해하는 데 도움이 된다.

제로샷 학습은 모델이 특정 사항에 대해 사전 학습한 적이 없는 상태에서, 학습한 다른 지식을 바탕으로 새로운 작업을 수행하는 방식이다. 주로 기계가 학습하는 관점에서 사용되는 것으로 모델이 훈련하는 과정에서 특정 내용에 대해 학습한 적이 없지만, 다른 작업에서 습득한 지식을 활용해 해당 작업을 수행하는 상황이다. 예를 들어, 모델이 감정에 대한 분류 작업을 학습하지는 않았지만, 학습한 지식을 바탕으로 언어의 의미를 파악해서 감정을 추론해 가는 경우다. 모델이 사진을 보고 사진 속의 동물이 무엇인지를 분류해야 한다고 생각해 보자. 모델은 그 동물에 대해 구체적인 훈련을 하지 않았지만, 다른 동물들에 대한 많은 정보를 학습했기 때문에 새로운 동물에 대해서도 대략적으로 추론할 수 있는 상태가 된다는 것이다.

제로샷 프롬프트는 예시가 없이 새로운 작업을 요청하는 프롬프트다. 즉, 모델이 해당 작업을 수행하기 위해 추가적인 예시나 설명을 받지 않은 상태에서 결과를 추론한다. 주로 프롬프트 설계와 관련이 있으며, 프롬프트 자체가 모델에게 새로운 작업을 지시할 때, 그 작업에 대한 예시를 제시하지 않는 경우다. 예시가 없기 때문에 모델은 사전 학습된 지식에 기반해 답변을 생성해야 한다. 예를 들어, "다음 문장을 영어로 번역해 줘: 'Je t'aime'"라고 프롬프트를 제시했다면, 번역에 대한 예시가 없는 상태에서 번역을 수행해야 하는 경우다.

제로샷 학습은 학습 과정에서 해당 작업을 학습한 적이 없는 모델이, 학습한 다른 지식을 활용해 새로운 작업을 수행하는 방법론에 관한 용어다. 학습 과정의 관점에서 사용하는 용어이기 때문에 모델의 학습 방식 자체에 대한 이야기에 더 적합한 표현이다.

제로샷 프롬프트(zero-shot prompt)는 프롬프트에 예시 없이 새로운 작업을 지시하는 방식으로, 프롬프트 설계에 관한 용어다. 따라서 프롬프트를 사용하는 상황에 더 적절한 용어이며, 지피티와 같은 언어 모델과 상호 작용할 때는 제로샷프롬프트가 더 정확한 표현이다.

프롬프트 관점에서 제로샷(zero-shot)과 구분해 원샷(one-shot)은 한 개의 예시만을 제공하고 작업을 수행하는 것이며, 퓨샷(few-shot)은 여러 개의 예시를 제공하고 작업을 수행하게 하는 것이다. 예시를 통해 살펴보면, 퓨샷보다는 원샷이, 원샷보다는 제로샷의 성능이 더 좋다고 생각할 수 있다. 그러나 각 모델은 작업의 복잡성이나 모델의 사전 학습 수준, 정확도나 효율성 등을 고려해서 상황에 적합한 프롬프트를 사용해야 한다. 즉, 작업이 단순하다면 제로샷이나 원샷이 충분할 수 있지만, 복잡한 작업이라면 퓨샷이 더 적합하다. 모델의 사전 학습 수준에 따라서 모델이 해당 작업에 대해 어느 정도 학습한 상태라면 제로샷으로도 충분할 수 있지만, 전혀 학습하지 않은 영역이라면 퓨샷이 더 유리할 수 있다. 빠른 응답이 필요하고 정확도보다 효율성이 중요하다면 제로샷이나 원샷을 선택하는 것이 좋지만, 정확도가 중요한 경우 퓨샷이 더 적합할 수 있기 때문이다. 프롬프트는 상황에 따라 정확도나 효율성에 따라 다른 선택이 필요하다.

제로샷

모델은 긍정/부정 분류 작업을 한 번도 훈련받지 않은 상태에서 수행

다음 문장이 긍정적인지 부정적인지 판단해 줘:

"오늘 날씨가 정말 좋다!"

원샷

모델에게 분류 작업의 한 개의 예시를 제공한 후, 새로운 문장에 대해 판단 수행

예시: "오늘 날씨가 너무 안 좋아" → 부정적

다음 문장이 긍정적인지 부정적인지 판단해 줘:

"오늘 날씨가 정말 좋다!"

퓨샷

모델에게 분류 작업의 여러 개의 예시(보통 2~5개)를 제공한 후, 새로운 문장에 대해 판단 수행

예시: "오늘 날씨가 너무 안 좋아" → 부정적

"나는 이 영화가 정말 싫어" → 부정적

"이 케이크는 정말 맛있다" → 긍정적

"나는 오늘 매우 행복해" → 긍정적

다음 문장이 긍정적인지 부정적인지 판단해 줘:

"오늘 날씨가 정말 좋다!"

참고문헌

GitHub. Prompt engineering guide.
https://github.com/dair-ai/Prompt-Engineering-Guide

09

LLM과 LMM

인공지능과 관련해 다양한 모델이 출현하고 있으나, 가장 익숙한 단어는 챗지피티다. 생성형 인공지능을 대표하는 단어로 생각되지만, 챗지피티는 지피티 모델 중 하나다. 생성형 인공지능 모델은 LLM과 LMM으로 구분할 수 있기 때문에 각각이 어떤 모델로 분류되는지, 각 모델의 특징은 무엇인지에 대해 알아본다.

AI와 화장품?

LLM과 LMM

코로나 19가 세상을 떠들썩하게 하던 2020년 9월 8일자 영국의 일간지 ≪가디언(The Guardian)≫의 오피니언(Opinion)에 "A robot wrote this entire article. Are you scared yet, human?"이라는 제목의 글이 실렸다. ≪가디언≫지에서 오픈AI(OpenAI)의 언어 생성 모델인 GPT-3를 통해 에세이 작성을 요청한 것에 대한 답신의 글이었다. 요청한 주제는 인공지능이 평화를 가져온다는 것을 설득하는 내용으로, GPT-3가 생성한 여덟 개의 에세이를 편집한 것이다. 그리고 2022년 11월 30일 GPT 3.5 모델은 챗지피티라는 이름으로 세상과의 소통을 시작했다.

많은 사람들은 인공지능, 혹은 생성형 인공지능이라고 하면 챗지피티를 떠올린다. 챗지피티는 인공지능을 모르던 많은 사람에게 영향을 끼친 인공지능의 대명사가 되었다. 인공지능은 친숙하면서도 경외감이 동시에 존재하는 단어다. '사람의 뇌를 모방할 수 있도록' 만들려고 했던 존재였지만 이제는 '사람의 뇌를 모방해 만들었지만' 그 끝을 알기 어려운 기술, 혹은 시스템이라고도 한다. 1955년 세상에 던져진 '인공지능'이라는 단어는 아직도 진화 중이다. 인공지능에 대한 변화나 발전의 흐름을 표현하는 것은 인공지능 모델에 관한 것이다. 즉, 어떤 모델을 기반으로 서비스들이 새롭게 나오는 것인가? 바로 LLM(Large Language Model)과 LMM(Large Multimodal Model)이라고 해도 과언이 아닐 것이다. LLM과 LMM의 차이는 바로 두 모델이 다루는 데이터의 유형에 기인한다.

LLM(Large Language Model)은 언어 데이터에 특화한 모델이다. 주로 텍스트 데이터만을 사용해 학습하고, 자연어 처리 작업을 수행한다. 대표적인 예로는 지피티 시리즈, 버트(BERT) 등이 있다. LLM의 주요 작업은 텍스트 생성, 번역, 문서 요약, 문서 분류, 질문 답변 등이다.

LMM(Large Multimodal Model)은 다양한 유형의 데이터(멀티 모달 데이터)를 처리할 수 있는 모델이다. 즉, 텍스트뿐만 아니라 이미지, 비디오, 오디오 등 다양한 형식의 데이터를 동시에 처리하거나 통합된 방식으로 이해할 수 있다. 인간이 다양한 감각(시각, 청각 등)을 통해 정보를 이해하는 방식과 유사하다. LMM의 주요 작업은 텍스트-이미지 생성, 이미지 캡셔닝(Image Captioning), 비디오 분석, 오디오-텍스트 변환 등이다. 여기에서 이미지 캡셔닝은 인공지능 기술인 컴퓨터 비전과 자연어 처리를 결합해 이미지에 대해 자연어 설명을 생성하는 작업이다. 주어진 이미지에 대한 높은 수준의 이해를 바탕으로 텍스트를 생성해 내는 능력이 부여된 것을 의미한다. 즉, LLM은 언어 중심의 모델이고, LMM은 여러 유형의 데이터를 처리할 수 있는 모델이다.

LLM과 LMM은 처리하는 데이터의 유형이 다른 만큼 제공하는 서비스도 다르다. LLM 기반 서비스의 대표적인 것은 텍스트 기반의 대화형 AI로, 사용자의 질문에 답하거나 글을 생성하는 데 활용되는 챗지피티(오픈AI)다. 마이크로소프트 오피스 제품군에서 텍스트 생성, 요약, 문서 작성 등을 돕는 AI 기능을 갖춘 MS의 코파일럿(Microsoft Copilot), 마케팅, 블로그 글 작성, 광고 카피 등 콘텐츠 생성 작업을 지원하는 AI인 재스퍼(Jasper AI)가 있다. 자연어 처리 작업을 위한 다양한 모델과 애플리케이션을 제공하는 허깅 페이스 플랫폼(Hugging Face Transformers)도 해당한다.

LMM 기반 서비스는 이미지와 함께 텍스트를 인식해야 하는 만큼 그림을 그리는 AI가 이에 해당한다. 텍스트 설명을 입력받아 이미지를 생성하는 AI 모델인 달리(오픈AI), 이미지와 텍스트를 동시에 이해하는 모델로, 이미지 검색, 분류 등에 활용되는 클립(CLIP)(오픈AI), 텍스트 설명을 바탕으로 독창적인 예술적 이미지를 생성하는 미드저니, 텍스트 기반 이미지 생성 모델로, 예술 작품이나 시각적 콘텐츠 제작에 사용되는 스테이블 디퓨전(Stable Diffusion), 텍스트와 이미지를 결합한 질문-답변 작업을 수행하는 멀티 모달 모델인 구글의 플라밍고(Google DeepMind's Flamingo) 등이다.

서비스의 특징을 고려하면, 앞에서도 언급한 바와 같이 LLM은 텍스트 생성, 요약, 번역, 문서 작성, 코딩 지원 등 텍스트 관련 작업에, LMM은 텍스트와 이미지를 결합한 작업(예: 텍스트로부터 이미지 생성, 이미지 설명, 멀티 미디어 분석 등)에 활용된다.

인공지능 기술의 발전을 대표하는 LMM의 성장은 다양한 데이터 처리 능력, 더 자연스러운 상호 작용 마케팅, 예술, 게임 디자인 등에서 창의적 콘텐츠를 만드는 크리에이티브한 콘텐츠 생성 능력 등 멀티 모달 능력 때문이다. LMM은 이미지 분류, 생성, 비디오 분석 같은 다양한 작업에 사용할 수 있어, 기존의 텍스트 기반 AI보다 훨씬 다양한 응용 프로그램에 적용된다. 예를 들어, 패션, 제품 디자인, 광고, 콘텐츠 추천 등에 영향을 주며, 새로운 애플리케이션 영역을 확장해 가고 있다.

LMM의 상승이 LLM의 하락을 의미하는 것은 아니다.

LLM은 여전히 텍스트 생성, 요약, 번역 등에서 중요한 역할을 하고 있으며, 비즈니스에서 생산성 도구로 자리 잡고 있다. GPT-4와 같은 LLM들은 자연어 처리 작업에서 여전히 강력한 성능을 발휘하고 있다. 따라서 대학에서는 LLM에 대한 강좌가 늘어나고 있다. 당장의 강좌 개설이 어려울 경우, 특강 등의 형태로 LLM에 대한 이해를 지속시키고 있으며, LLM의 활용을 위한 다양한 작업의 교육이 진행 중이다.

대학에서는 다양한 수업에서 검색 증강 생성(RAG: Retrieval-Augmented Generation) 또는 미세 조정(Fine-tuning)에 대한 방법을 소개하고 있다. 검색 증강 생성은 LLM의 산출물인 응답을 생성하기 전에 기계가 학습한 데이터 소스 이외에 신뢰할 만한 외부의 지식 베이스를 참조하도록 하는 프로세스 기술이다. 검색 증강 생성 기술은 방대한 데이터 속에서 사용자가 필요로 하는 데이터를 정확하고 신속하게 제공할 수 있다는 장점이 있다.

미세 조정은 학생이 자신의 전공 분야에 맞는 답을 도출하는 데 도움을 준다. 미세 조정을 이용하면 대규모 언어 모델에게 추가로 외부 데이터를 알려 주고 답변 생성을 요청함으로써 최신 정보의 부재에 대한 측면을 보완할 수 있다. 구체적으로는 딥러닝 기술이나 전이 학습 등에 대한 이해가 필요하다. 전이 학습(transfer learning)은 기계가 새로운 내용을 학습하기 위한 시작점이 될 수 있다. 즉, 전이 학습은 다른 작업이나 데이터 세트를 통해 얻은 지식을 사용해, 현재 진행하고 있는 작업이나 다른 데이터 세트의 모델 성능을 개선하는 머신 러닝 기술이다. 처음부터 모델을 생성하는 것은 쉽지 않은 작업이기 때문에 전이 학습이나 미세 조정 등을 통해 자신의 전공 분야에 맞는 모델을 만들어 갈 수 있도록 수업을 진행하고 있다.

대규모 멀티 태스크 언어 이해 벤치마크

시대의 기술로 사회 변화의 패러다임을 선도하는 AI 모델에 대한 영향력의 한계는 가늠하기 어렵다. 그리고 세상에 소개된 다양한 LLM과 LMM 서비스를 제공하는 모델의 성능은 모두 동일한 것인가에 대한 의문도 있다. 우리가 알고 있는 오픈AI의 지피티 모델과 구글의 제미나이, 이외에 메타의 라마(Llama) 등 많은 모델이 존재한다. 각각의 모델 성능을 평가하기 위한 것이 대규모 멀티 태스크 언어 이해(MMLU: Massive Multitask Language Understanding) 벤치마크다. 이 벤치마크는 AI 모델의 전반적인 언어 이해 능력을 평가하기 위해 만들어졌으며, 다양한 주제와 과제에서 모델의 성능을 테스트한다.

MMLU는 AI 모델이 얼마나 광범위한 지식을 가지고 있는지, 그리고 그 지식을 효과적으로 활용할 수 있는지를 평가하는 것이 목표다. 전문적인 지식이 요구되는 과제들까지 포함해 모델이 단순한 언어 처리 능력 이상으로 얼마나 깊이 있는 이해를 가지고 있는지 확인하는 데 사용된다. MMLU 벤치마크는 57개 과목을 다루며, 과목의 범위는 기초 수준부터 고급 수준까지 다양한 주제와 수준으로 이루어져 있다. 과목들은 대체로 인문학, 과학, 수학, 공학, 사회 과학 등의 분야로 나뉜다. 시험 형식은 선다형 문제 형식으로 제공되며, 각 과목에서 모델이 정답을 얼마나 정확하게 맞힐 수 있는지를 평가한다. 문제는 전문 지식이 요구되는 대학 수준의 질문에서부터 일반적인 지식을 테스트하는 질문까지 폭넓게 포함하고 있다. MMLU는 AI 모델이 단순히 언어 패턴을 이해하는 것을 넘어서, 사실적이고 논리적인 추론을 수행할 수 있는지 확인하는 데 중점을 둔다. 즉, 과학이나 역사 같은 과목에서 단순한 문법 처리 이상의 지식 기반 추론 능력을 테스트한다.

MMLU 벤치마크는 AI 모델이 다양한 주제에서 얼마

나 전문성을 갖추고 있는지 평가하는 데 유용하다. AI 모델들이 다양한 주제에 대해 학습할 수 있더라도, 이를 제대로 이해하고 응용할 수 있는지를 객관적으로 평가하는 것이 중요하기 때문에, MMLU는 연구자들에게 깊이 있는 모델 평가를 제공하는 도구로 활용된다.

MMLU는 AI 모델이 단순한 언어 처리 이상의 능력, 즉 전문적이고 다분야적인 지식을 얼마나 잘 이해하고 활용할 수 있는지 평가하는 중요한 벤치마크다. 이를 통해 AI 모델이 인간처럼 복잡하고 전문적인 질문에 어떻게 대응하는지 알 수 있으며, AI 발전 방향에 중요한 지표가 된다. 참고로 MMLU 벤치마크에서 과학 · 기술 · 공학 · 수학(Science, Technology, Engineering, Mathematics)의 구체적인 분야는 천문학, 대학 생물학, 대학 화학, 대학 컴퓨터 과학, 대학 수학, 대학 물리학, 전기공학, 초등 수학, 고등학교 생물학, 고등학교 화학, 고등학교 컴퓨터 과학, 고등학교 수학, 고등학교 물리학, 머신 러닝 등 14개 분야다. 인문학(Humanities)은 추상 대수학(Abstract Algebra), 고전 중국어, 대학 의학, 유럽사, 국제법, 법리학, 논리적 오류, 도덕 철학, 철학, 선사 시대, 전문 법률, 미국 헌법, 세계 종교 등 13개 분야이며, 사회 과학(Social Sciences)은 21개 분야로 인류학, 비즈니스 윤리,

대학 경제학, 형식 논리학, 고등학교 경제학, 고등학교 지리학, 고등학교 정치학, 고등학교 미국사, 고등학교 세계사, 인간 노화, 인간 성, 혁신 및 창업, 마케팅, 의학 유전학, 기타, 전문 회계, 공중 보건, 안보 연구, 사회학, 미국 외교 정책, 바이러스학 등이다.

기타(Other)로는 고등학교 유럽사, 고등학교 시민학, 고등학교 환경 과학, 고등학교 심리학, 대학 회계학, 대학 금융학, 임상 지식, 경영학, 세계 지식 등 9개 분야다. 57개 분야에 걸쳐, 다양한 학문 분야에서 AI 모델이 얼마나 잘 학습하고 문제를 해결할 수 있는지를 평가한다.

참고문헌

Dan Hendrycks, et. al.(2021). Measuring massive multitask language understanding. Published as a conference paper at ICLR 2021.

Duzhen Zhang, et. al.(2024). MM-LLMs: Recent advances in multimodal large language models. arXiv:2401.13601. https://api.semanticscholar.org/CorpusID:267199815

10
AI와 사회, 직업, 그리고 학교

인공지능은 현대 사회의 패러다임을 바꿔 가고 있으며, 앞으로도 변화는 계속될 것이다. AI의 발전은 사회 구조, 직업, 교육(학교)에 새로운 기회와 도전 과제를 제공하고 있다. AI의 빠른 변화에 대한 적응은 개인의 미래뿐 아니라 사회, 나아가 국가 전반의 발전에도 영향을 미치게 될 것이다. AI로 달라지는 변화하는 세상에 적응한다는 것은 무엇인지 생각해 본다.

종교와 AI?

인공지능 시대를 살아가는 사람

AI는 사회 구조와 방식을 근본적으로 변화시키고 있으며, 경제, 문화, 일상생활에 큰 영향을 미치고 있다. 사회적 동물인 인간은 의식주를 마련하기 위해 직업을 갖고 사회생활을 한다. 교육을 통해 직업이나 사회생활에서 필요한 지식, 가치, 태도를 배운다. 인간의 삶은 사회, 교육, 직업의 연결 고리 어딘가에 위치하고 있으며, 다양한 연결 고리를 통해 인간의 삶이 이어진다. 빠른 변화가 일상이 된 현재의 삶 속에서 사회와 직업, 교육을 연결하는 고리의 한가운데 인공지능이 있다.

인공지능이 무엇을 변화시키고 있는지 인지하지 못하는 사이에도 인공지능은 사회를 바꾸고, 삶을 유지하는 직업을 변화시키고 있기에 교육은 끊임없이 도전받는다. 인공지능 세상에서 무엇을 해야 하는지, 무엇을 습득해야 살아갈 힘을 얻을 수 있는지에 대해서다. 변화 없는 정체로는 발전이 불가능하듯이 인공지능에 대한 이해 부족으로는 무엇을 준비해야 하는지, 무엇을 하고 살아야하는지에 대한 답이 쉽지 않은 세상이다.

시대에 따라 다른 문화가 존재하는 것은 역사적, 지리적, 사회 · 경제 · 정치 그리고 생태적 요인이 결합해 독특한 방식으로 사회가 발전하기 때문이다. 이러한 요인들은 인간의 사고방식, 행동 양식, 그리고 생활 방식을 형성하고 문화를 다양하게 만드는 주요 동력으로 작용한다. 현대를 살아가는 우리에게 AI는 현대 사회의 문화를 바꾸는 혁신적인 도구이자 영향력 있는 요인으로 작용하고 있다. AI는 우리의 사고방식, 생활 방식, 그리고 사회 구조 전반에 걸쳐 문화를 재정의하고 있기 때문이다.

AI는 창작과 예술의 혁신, 대중문화의 형성과 확산에 대한 문화적 영향, 사회적 상호 작용 도구로서의 역할, 소셜 미디어의 진화, 노동 문화와 생산성의 변화를 비롯한 협업 등의 방식을 변화시키고 있다. 현대 문화를 빠르게 변화시키는 촉매 역할을 하는 AI는 노동과 학습 문화의 재편, 사회적 상호 작용의 변화를 통해 새로운 기회와 도전을 동시에 제공한다. 이제 AI는 단순한 기술을 넘어 현대 사회의 문화적 패러다임을 재구성하는 강력한 동력으로 이해해야 할 것이다. 지금, 인공지능 시대를 살아가는 당신은 인공지능으로 인해 변화하는 문화에 적응하고 있는가?

인공지능 요리사

대학의 교육은 인공지능과 관련해 요리사를 양성하는

것과 비슷하다. 꼭 대학이 아니더라도 인공지능을 잘 다루기 위한 사람을 교육하는 곳이라면 요리와 요리사의 관계를 고려해 볼 필요가 있다.

요리를 생각해 보자. 요리사가 아니더라도 준비하고 싶은 요리를 위해 어떤 나이프(칼)를 사용하는가? 요리에 사용하는 나이프는 가장 기본적인 도구다. 하나의 종류로 여러 요리를 만들 수도 있지만, 일반적인 것부터 중식, 일식, 양식에 따라 다르며, 식재료의 특성에 따라 다르게 사용한다. 채소나 과일, 생선이나 해산물 혹은 육류 등 재료의 종류에 따라 서로 다른 도구, 즉 나이프를 준비한다. 슬라이스를 하기 위해서는 얇고 균일하게 자르는 데 용이한 것을 선택한다. 그립감, 무게 중심을 고려하는 것과 더불어 오래 사용한다 해도 손목 등에 무리가 가지 않는 것을 선택해야 한다. 선택된 나이프를 사용할 때도 재료 본연의 속성이 변하지 않도록 과도하게 힘이 들어가지 않게 주의하는 편이 좋다. 여기까지는 요리를 하지 않는 사람이라도 쉽게 생각할 수 있는 내용이다.

대학은 학생이 자신이 필요로 하는 음식에 맞춰 요리할 수 있도록 인공지능과 관련한 다양한 교육을 진행하고 있다. 준비하고 있는 요리에 맞춰 어떤 나이프를 사용해야 하는지에 대한 것부터 시작한다. 다양한 종류의 나이프를 알지 못한다면, 요리까지는 아니더라도 요리의 재료 손질을 위한 단계에서부터 어려움을 겪을 것이다.

사람이 '인공지능 요리사'가 된다는 것은 인공지능 기술을 능숙하게 활용해 자신의 분야에서 문제 해결 중심의 결과를 만들어 내는 전문가가 된다는 것이다. 인공지능을 활용해 개인화한 레시피 추천 시스템을 만들거나, 기존의 요리에 대한 다양한 데이터를 분석해 새로운 요리 트렌드를 예측하는 것 등이다. 요리사가 재료와 도구를 창의적으로 활용해 새로운 요리를 만들어 내는 과정과 유사하다.

셰프가 특정 요리가 건강에 미치는 영향을 분석하거나 고객의 선호 데이터를 기반으로 맞춤형 메뉴를 설계하기 위해 갖추어야 하는 능력을 인공지능에 대입해 보자. 인공지능을 다루기 위해서는 데이터를 다루는 능력, 알고리즘에 대한 이해가 필요하다. 타인의 요리를 모방하는 것이 아니라 자신만의 전문성 향상을 위해서 데이터 분석, 패턴 인식, 알고리즘 설계 등 기술적 전문성을 갖추고 있어야 한다.

인공지능 요리사가 된다는 것은 단순히 요리를 잘하는 것을 넘어, 기술, 데이터, 창의성, 감각적 판단을 결합해 새로운 가치를 창출하는 혁신가로 변모하는 것을 의미한다. 대학은 기초적인 도구 사용에서 벗어나 분야의 전문가로, 창의적인 혁신가로서의 기본 역량을 갖추는 데 필요한 교육으로 변화하고 있다.

인공지능과의 공존

세상의 변화 속에서 교육의 역할은 단순히 지식을 전달하는 것을 넘어 변화에 대응하고 주도적으로 미래를 설계할 수 있는 인재 양성에 초점을 맞출 필요가 있다. 인공지능으로 인해 변화하는 세상에서는 기존 지식보다 새로운 상황에 적응하고 지금까지 경험하지 못했던 문제를 해결해 나갈 수 있는 역량이 더 중요하기 때문이다. 학교에서 프로그래밍이나 데이터 분석과 같은 역량을 키우는 것은 기술에 대한 역량이 아니라 사고력을 키우는 것이다. 프로그래밍을 통한 문제 해결은 기술이 아닌 생각하는 힘을 기르는 것이기 때문이다. 정형화된 사고, 암기하는 능력에서 벗어나 기존의 틀에 얽매이지 않는 방식으로 새로운 문제를 해결할 수 있도록 하는 교육이 필요한 시기다.

인공지능이라는 단어가 낯설지 않은 것은 우리 생활 깊숙이 인공지능이 자리 잡고 있기 때문이다. 단어의 낯익음만큼이나 인공지능과의 공존을 잘 준비할 수 있도록 학교가 기여해야 한다. 인공지능과 공존한다는 것은 단순히 기술을 사용하는 것이 아니라 인공지능에 대한 이해를 바탕으로 활용의 강점을 살려 사람이 발전할 수 있도록 하는 새로운 삶의 방식을 의미한다. 즉, 기술, 윤리, 문화, 경제 등 다양한 차원에서 인공지능과 조화를 이룰 수 있어야 한다.

인공지능과의 공존은 사람에게 어떤 의미가 있는지, 기계와의 공존을 어디까지 받아들일 수 있는지 등에 대한 숙의도 필요하다. 더 나은 사회를 만들고, 인공지능을 통한 문제 해결을 위해 사회와 학교와 사람은 삶과 문화 속에서 인간의 가치를 존중하면서 인공지능을 이해하고, 인간의 창의성과 감성을 증폭하는 도구로서의 인공지능을 받아들이는 것이다.

기술에 대한 이해, 인공지능과의 공존을 생각해 본 적이 있는가? 인공지능에 대해 알아보려고 노력한 적이 있는가? 인공지능이 무엇인지 공부하려 했으나, 이해하기 어려워서 혹은 잘 알지 못해서 실패했다고 생각해서는 안 된다. 그 어려움이 오히려 인공지능에 한 걸음 더 나아가는 계기가 되었을 것이기 때문이다. 오히려 인공지능과 공존하기 위한 노력이 없었다면, 조금 더 노력을 기울이자. 인공지능을 통해 도래하기를 희망하는 세상이 있다면, 어떤 노력이 필요한지를 다시 한번 고민해 보자. 보다 풍성한 세상을 위해 삶이라는 정원에 인공지능을 심어 보자.

김자미

고려대학교 교육대학원 컴퓨터교육 전공 교수다. 이화여자대학교 교육학과를 졸업하고 고려대학교 컴퓨터교육학과에서 박사 학위를 받았다. 2022 개정 정보과 교육과정 개발, 디지털 리터러시 개발, AI 디지털 교과서 프로토타입 개발 연구 책임자였으며, 『정보과 교과 교육론』, 『정보과 교육과정 개발 방법론』 등을 저술했다. 관심 연구 분야는 초중등에서 대학에 이르기까지 정보학을 기반으로 한 정보 · 컴퓨터 교육과정 구성에 대한 것이다. 고등 컴퓨팅 교육과정에 대한 연구를 진행했고 10여 개국의 정보 · 컴퓨터 교육과정을 분석했다. 최근 데이터 과학, 인공지능 교육과 교육과정 구성 등에 대해 연구하고 있다.